Alkohol in Dänisch-Ostindien

Martin Krieger und Tobias Delfs

Alkohol in Dänisch-Ostindien

Handel und Konsumkultur in der zweiten Hälfte des 18. Jahrhunderts

PETER LANG

Berlin · Bruxelles · Chennai · Lausanne · New York · Oxford

Bibliografische Information der Deutschen Nationalbibliothek
Die Deutsche Nationalbibliothek verzeichnet diese Publikation in der Deutschen
Nationalbibliografie; detaillierte bibliografische Daten sind im Internet über
http://dnb.d-nb.de abrufbar.

Diese Publikation wird gefördert mit Mitteln der Deutschen Forschungsgemeinschaft

Umschlagabbildung ©The M/S Maritime Museum (Helsingör, Dänemark)

ISBN 978-3-631-66699-9 (Print)
ISBN 978-3-653-06195-6 (ePDF)
ISBN 978-3-631-70986-3 (ePUB)
DOI 10.3726/b23313

© 2026 Peter Lang Group AG, Lausanne (Schweiz)
Verlegt durch Peter Lang GmbH, Berlin (Deutschland)
info@peterlang.com

Diese Publikation wurde begutachtet.

www.peterlang.com

Vorwort

Diese Monographie bündelt den Ertrag eines von der Deutschen Forschungs-gemeinschaft geförderten Forschungsprojekts zum Thema „Alltagsgetränk und Rauschmittel im kolonialen Diskurs: Produktion, Handel und Konsum von Alkohol und öffentliche Debatten in Dänisch-Ostindien (17.–19. Jahrhundert)". Im Laufe der Arbeit an dem Vorhaben kristallisierte sich die zweite Hälfte des 18. Jahrhunderts als besonders markanter und aufschlussreicher Zeitraum heraus, dem sich das vorliegende Buch widmet. Die Verfasser danken der Deutschen Forschungsgemeinschaft für die großzügige Förderung sowie dem dänischen Reichsarchiv, dem Archiv der Franckeschen Stiftungen in Halle und dem Archiv der Brüdergemeine Herrnhut für ihre freundliche Unterstützung. Ein besonderer Dank gilt dem Team der Professur für Nordeuropäische Geschichte an der Christian-Albrechts-Universität zu Kiel für die vielfältige Unterstützung bei der Entstehung dieser Studie. Danken möchten die Verfasser insbesondere Vivien Specht, Ann-Catrien Federhaff, Sebastian Schmidt und Bennett Rippert.

Kiel und Berlin, im Juni 2025

Inhalt

Abkürzungsverzeichnis

AFSt	Archiv der Franckeschen Stiftungen, Halle
DEHM	Dänisch-Englisch-Hallesche Mission
HB	Hallesche Berichte
IOR	India Office Records
NHB	Neuere Geschichte der Evangelischen Missionsanstalten
NLA	Niedersächsisches Landesarchiv
PN Pag.	Porto Novo Pagode
RAK	Dänisches Reichsarchiv (Rigsarkivet), Kopenhagen
Rt.	Reichstaler
Rt.Tr.Cour.	Reichstaler Tranquebar Courant
TNA	Tamil Nadu State Archives
VOC	Vereenigde Oost-Indische Compagni

Abbildungsverzeichnis

Tabellenverzeichnis

Einleitung

In den langen, oft kalten Wintermonaten kam die Regsamkeit entlang der Hafenbecken im frühneuzeitlichen Kopenhagen weitgehend zum Erliegen. Besonders niedrige Temperaturen bewirkten in einzelnen Jahren das Zufrieren des Öresunds. Aber selbst wenn dieser offen dalag, bedeutete das Auslaufen in Richtung Kattegat und Nordsee stets ein nicht unbeträchtliches Risiko. Nordwinde führten im Winter oft zu teils wochenlangen Verzögerungen, und so manche Handelsfahrt endete in jener Jahreszeit bereits an den Klippen der norwegischen Küsten.

Allein, wer im 17. und 18. Jahrhundert zu den kleinen dänischen Kolonien am Indischen Ozean aufbrechen wollte, musste das während des Winters tun. Denn nur auf diese Weise ließ sich Monate später am Kap der Guten Hoffnung der Südwestmonsun erreichen, der ein Schiff zuverlässig weiter ostwärts trug. So machten die Kais vor dem Packhaus der Asienkompanie die Ausnahme: Zwischen Dezember und Februar herrschte hier Hochbetrieb, denn die in Richtung Indien oder China auslaufenden Schiffe wurden befrachtet. Es stapelten sich große Mengen an Bauholz und Waffen aus der dänisch-norwegischen Monarchie, ebenso Eisen und Stahl aus Schweden, Segeltuch aus St. Petersburg sowie Teer und Pech aus den Wäldern des Nordens. Zum Schluss gingen Kisten mit Silbermünzen an Bord.

Wer in den Winterwochen der zweiten Hälfte des 18. Jahrhunderts vor dem Asienpackhaus stand, konnte aber auch das Verladen von Nahrungsmitteln zum späteren Verkauf in Indien beobachten: Butter und eingepökeltes Fleisch waren ebenso bereit für die lange Reise wie große Mengen an Käse. Hinzu kam der Proviant für die meist 7–9 Monate lange Hinfahrt. Vielleicht am augenfälligsten waren die großen Mengen an Alkohol, die als Handelsgut Tag um Tag in den Bäuchen der Ostindienfahrer verschwanden. Als die „Tranquebar" im Februar 1779 in Richtung Indien aufbrach, hatte sie nicht nur 7.900 Flaschen Rotwein und 500 Flaschen Rheinwein, sondern auch 2.700 l Genever und 30 Fass Starkbier an Bord. Die „Frederiksnagore" brachte es zwei Jahre später auf gewaltige 45.800 l Madeira, 23.000 Flaschen Wein, 3.000 l Genever und 3.000 l französischen Branntwein. Ähnliche Ladungen fanden sich auf fast allen Schiffen der dänischen Asienkompanie.

Ein Teil der alkoholischen Getränke wurde in den dänischen Handelsstützpunkten in Indien, in Tranquebar und Serampore, konsumiert; die weitaus größere Menge ging von dort aus aber weiter in die kolonialen Besitzungen der europäischen Konkurrenten, wie ins britische Madras oder in die französische Besitzung Pondicherry. Alkohol prägte die Konsumgewohnheiten der europäischen Kolonialgesellschaften in Indien, führte aber auch zu Missbrauch, sozial abweichendem Verhalten und der daran anknüpfenden Kritik.

Handel und Konsum alkoholischer Getränke im kolonialen Kontext Indiens fristen in der Geschichtswissenschaft trotz ihrer großen ökonomischen und sozialen Bedeutung ein Schattendasein. So liegt der Schwerpunkt bisheriger wirtschafts- und sozialgeschichtlicher Forschung zum Kolonialhandel auf dem Transfer asiatischer Waren nach Europa. Demgegenüber spielt der Export von Gütern europäischer Provenienz an den Indischen Ozean während der Frühen Neuzeit allenfalls eine untergeordnete Rolle.[1] Dabei stellte gerade die Beschaffung von Fracht der nach Asien abgehenden Schiffe die größte Herausforderung dar. Denn Silber, das sowohl in Indien als auch in China im Zeichen der dortigen Monetarisierung begehrteste Tauschmittel, war in vielen Ländern Europas nicht immer leicht zu beschaffen, und der Bedarf an Substituten war groß. Als dem Edelmetall gleichrangige Handelswaren galten allerdings nur wenige Güter, nach denen am Indischen Ozean seitens einheimischer Abnehmer sowie der europäischen Kolonialgesellschaft eine gewisse Nachfrage bestand.

Das betraf auch den Alkohol, dessen moderater Genuss in Indien ebenso wie in Europa gesünder als der des oft verunreinigten Wassers war.

---

[1] S. die ältere Literatur, z.B.: Furber, Rival Empires; Glamann, Dutch-Asiatic Trade; Chaudhuri, Trading World; Rothermund, Asien im Zeitalter des Merkantilismus.

Zu großer Konsum konnte allerdings beträchtliche gesundheitliche und soziale Nebenwirkungen zeitigen. So haftete jenem nicht unbegründet stets etwas Anrüchiges an. Bisweilen habe exzessiver Alkoholkonsum nach Aussage der Quellen zum Untergang ganzer Schiffe geführt, und so mancher in einem europäischen Außenposten im fernen Ostindien lebende Kaufmann nahm sich im Rausch das Leben.[2]

Am Beispiel des dänischen Engagements in Indien während der zweiten Hälfte des 18. Jahrhunderts lässt sich die wirtschaftliche und gesellschaftliche Relevanz des globalen europäischen Alkoholhandels am konkreten Beispiel in besonderer Dichte aufzeigen. In diesem Sinne widmet sich die vorliegende Studie einem bislang nicht erforschten Thema. Die Arbeit verbindet wirtschaftshistorische, quantitative Analyse mit kultur- und sozialgeschichtlichen Fragestellungen und untersucht Wechselwirkungen zwischen jenen Ebenen.

Vor diesem Hintergrund werden einerseits der dänische Alkoholhandel über die kolonialen Besitzungen Tranquebar und Serampore in quantitativer Hinsicht, andererseits der Konsum sowie Missbrauch und die daraus resultierenden Debatten untersucht. Dieses Buch geht von der Annahme aus, dass Alkohol sowohl für den dänischen Asienhandel als auch für die Genese der Kolonialgesellschaft in Tranquebar, Serampore und in anderen europäischen Handelsplätzen in Südasien von konstitutiver Bedeutung war. In diesem Sinne soll die vorliegende Studie auch eine Materialbasis wie ebenso Interpretationsansätze für künftige vergleichende Untersuchungen im europäisch-kolonialen Kontext Indiens bieten.

Der Untersuchungszeitraum der zweiten Hälfte des 18. Jahrhunderts ergibt sich nicht allein aus der besonders günstigen Quellenüberlieferung, sondern er repräsentiert gleichzeitig eine auf der außenpolitischen Neutralität der dänischen Monarchie gründende Phase besonderer wirtschaftlicher Prosperität, die in der dänischen Historiographie unter der Bezeichnung „florissante Handelsperiode" firmiert.[3] Dänische Überseekompanien und seit 1772 auch private Handelshäuser übernahmen in jener Zeit in großem Umfang Handelskapazität kriegführender Nationen, was zu einer bis dahin ungeahnten Blüte des Asienhandels unter der dänischen Flagge, dem

---

[2] Z.B.: India Office Records [IOR], G/26/12, Diary of William Puckle, 9. Oktober 1675.
[3] Im Überblick: Jespersen / Feldbæk, Revanche og Neutralitet, S. 393–401.

Danebrog, führte.[4] Dass Dänemark im Untersuchungszeitraum zu den vermutlich wichtigsten europäischen Exporteuren von Alkohol in Richtung
Indischem Subkontinent zählte, lag aber ebenso an einer dichten wie langjährigen Teilhabe am traditionellen intra-asiatischen Handel sowie an einer
tiefen Kenntnis von Handelsstrukturen und Konsumgewohnheiten vor Ort.

Um das Thema besser in den historischen Kontext einzuordnen, wird
zunächst knapp das dänische Engagement am Indischen Ozean zwischen
dem 17. und dem Beginn des 19. Jahrhunderts im Überblick dargestellt
(Kapitel 2). Auch wenn eine zusammenhängende Quantifizierung nicht
möglich ist, soll in Kapitel 3 nach spezifischen konjunkturellen Trends
gefragt werden: Wann und auf welche Weise entwickelte sich der Alkohol
im Interkontinentalhandel von einem Nischenprodukt zu einer förmlichen
Massenware? Welche Strukturen entwickelte jener während seiner Blütezeit in
den 1770er und 1780er Jahren? Dabei werden zunächst strukturelle Aspekte
im vergleichenden Überblick behandelt, um anschließend Wein und Madeira
als besonders prominente Beispiele im Detail zu untersuchen.

Von Beginn an spielte für die Dänen die Partizipation am intra-asiatischen
Handel als relevante Einkommensgrundlage eine große Rolle. In der zweiten
Hälfte des 18. Jahrhunderts entwickelten sich die dänischen Besitzungen
in Indien zu wichtigen Entrepôts für den Reexport europäischer Waren
in andere Handelsplätze am Indischen Ozean. Zudem wurde in großem
Umfange auch indischer, ceylonesischer und südostasiatischer Arrak umge-
schlagen (Kapitel 4). Der letzte Teil der Studie nimmt Konsum, Missbrauch
und die daraus resultierenden Debatten in den Blick. Dabei wird zunächst der
Konsum auf See und an Land (Kapitel 5) untersucht, um abschließend den
Missbrauch unter der europäischen Kolonialgesellschaft einschließlich der
Missionare mit den daraus resultierenden obrigkeitlichen Maßnahmen und
Debatten zu betrachten (Kapitel 6).

Zur Bearbeitung des Kompaniehandels steht für den Untersuchungszeitraum
ein breites Spektrum heute weitgehend digitalisierter Quellen zur Verfügung,
während die Überlieferung zum privaten Warenaustausch spärlich ist. Für
die Ermittlung der von Kopenhagen nach Indien auf den Schiffen der
Asienkompanie transportierten Waren bieten sich die Schiffsprotokolle
(*Skibsprotokoller*) an. Diese wurden vom sogenannten Schiffsassistenten

---

[4] Feldbæk, India Trade under the Danish Flag, passim.

der einzelnen Ostindienexpedition verfasst und enthalten tagebuchartige Aufzeichnungen unter anderem über Be- und Entladevorgänge sowie über die an Bord getätigten Handelsaktivitäten.[5] Für die Zeit zwischen 1734 und 1820 sind Schiffsprotokolle für 97 reine Indienfahrten der Asiatisk Kompagni, also etwa für vier Fünftel, überliefert. Hinzu kommen die Aufzeichnungen jener Chinaschiffe, die in Indien einen Zwischenstopp einlegten.[6] Seit der Fahrt der „Princesse Louise Augusta" 1786–1788 enthalten die Schiffsprotokolle eine Gesamtaufstellung der jeweils am Zielort entladenen Güter (*Commissionsforretning*). Zu weiteren 26 Fahrten vor allem aus der Zeit bis 1782 existierten immerhin die Logbücher (*Skibsjournaler*), die allerdings nur impressionenhaft Hinweise zu Be- und Entladungen liefern.[7]

Ergänzend zu Schiffsprotokollen und Schiffsjournalen lassen sich die Rechnungsjournale der dänischen Handelsplätze Tranquebar und Serampore heranziehen, die für den Untersuchungszeitraum fast komplett erhalten sind.[8] Jene verzeichnen die Ein- und Ausgaben der Kompanie vor Ort und liefern jeweils zu Beginn eines Rechnungsjahres eine Bilanz des Inventars sowie der vorhandenen Handelswaren. Dabei führen sie auch den Absatz alkoholischer Getränke im Rahmen von Auktionen und des Detailverkaufs auf, auch wenn der Name der Erwerber oft nicht notiert wurde. Leider liegen für die seit 1772 in stetig größerer Zahl durchgeführten privaten Handelsfahrten keine vergleichbaren Quellen vor, so dass eine Quantifizierung der Alkoholimporte aus Europa weitgehend auf die Kompanieschiffe beschränkt bleibt. Immerhin sind die Ladungen einiger weniger privater Expeditionen der Zeit um 1780 in den sogenannten Ostindischen Journalen des Kopenhagener Kommerzkollegiums verzeichnet.[9]

Die zentrale Quelle zur quantitativen Auswertung der intra-asiatischen Handelsaktivitäten über Tranquebar stellen die Seezollbücher (*Søtoldbøger*) dar,

---

[5] Dänisches Reichsarchiv, Kopenhagen [RAK], Asiatisk Kompagni, Afdelingen i København, Skibsprotokoller for skibe til Indien, 1733–1820.

[6] RAK, Asiatisk Kompagni, Skibsprotokoller for skibe til Kina, 1733–1830.

[7] RAK, Asiatisk Kompagni, Afdelingen i København, Skibsjournaler for ostindiefarere, 1734–1820; ebd., Skibsjournaler for skibe til Kina, 1733–1830.

[8] RAK, Asiatisk Kompagni, Afdelingen i Tranquebar, Regnskabsjournal, 1733–1778; ebd, Faktoriet i Tranquebar, Regnskabsjournal, 1778–1801; ebd., Afdelingen i Frederiksnagore, Regnskabsjournal, 1762–1827.

[9] RAK, Generaltoldkammer og Kommercekollegiet, Indisk kontor, Ostindisk journal, 1777–1846.

die für die Jahre 1778–1808 vorliegen. Diese notieren, mit Ausnahme der offiziellen Kompanieimporte, die in die dänische Kolonie über das Meer ein- und
ausgeführten und dort verzollten Handelsgüter. Deren Aussagekraft hängt
allerdings stark von der Gewissenhaftigkeit des jeweiligen Schreibers ab, und
sie weisen mithin eine von Jahr zu Jahr wechselnde Informationsdichte auf.[10]
Ergänzend zu den im dänischen Reichsarchiv verwahrten Kompanieakten
und den Dokumenten des Kommerzkollegiums haben sich in den Tamil
Nadu State Archives im indischen Chennai Nachlassinventare einzelner
kolonialer Haushalte in Tranquebar erhalten. Letztere erlauben einen Einblick
in die materielle Kultur der indo-europäischen Gesellschaft einschließlich
des Besitzes von Alkohol und Gläsern.[11]
Missionsquellen erweisen sich gerade in Hinblick auf die qualitative,
diskursive Analyse als sehr ergiebig. Alkohol kommt in einem breiten
Quellenspektrum der Indienmissionen zum Tragen, so vor allem in den
Dokumenten der Dänisch-Englisch-Halleschen Mission (DEHM) und der
Herrnhuter Brüdergemeine, die im Haupt- und Missionsarchiv der Franckeschen
Stiftungen in Halle, in Herrnhut und im Reichsarchiv Kopenhagen verwahrt
werden.[12] Neben der internen Korrespondenz kommunizierten Missionare
und Missionsleitung auch mit anderen Personenkreisen, beispielsweise
bei Bewerbungsverfahren oder den Verhandlungen über die Inhalte von
Instruktionen. Zudem existieren Tagebücher und Reisebeschreibungen, die
von Missionaren regelmäßig geführt werden mussten.[13] Darin finden sich
nicht allein wertende Schilderungen des Alkoholkonsums durch verschiedene Einzelpersonen oder Gesellschaftsschichten, sondern zum Beispiel
auch Beschreibungen der Produktion und der dafür verwendeten Zutaten.
Derartige Schilderungen fanden wiederum Eingang in die Veröffentli-
chungen der Mission. Seit 1710 wurden in Halle Missionsberichte publiziert,
zunächst in Form der sogenannten „Halleschen Berichte" (HB), später in Gestalt

---

[10] RAK, Det Kongelige Ostindiske Guvernement, Afdelingen i Tranquebar, Søtoldbog, 1778–1823.
[11] Tamil Nadu State Archives, Chennai [TNA], Danish Records, 1172–1174.
[12] Archiv- und Bestandsbeschreibung bei Klosterberg, Das „Missionsarchiv" im Archiv der Franckeschen Stiftungen; s.a. die Archiv- und Bestandsbeschreibung bei Delfs, Die Südasienbestände im Unitätsarchiv.
[13] Delfs, Die Dänisch-Englisch-Hallesche Indienmission, S. 20–22.

der „Neueren Geschichte der Evangelischen Missionsanstalten" (NHB).[14] Dabei sind die gedruckten Missionsberichte mit Vorsicht zu lesen, waren sie doch von der Missionsleitung zensiert, beispielsweise, wenn es um den Alkoholkonsum innerhalb der Mission ging.[15]

Trotz der reichen, wenn auch nicht vollständigen Quellenüberlieferung existieren zum dänischen Alkoholhandel und -konsum in Indien bislang keine Untersuchungen. Gleichwohl kann sich die vorliegende Arbeit auf grundlegende Studien zum dänischen Asienhandel etwa durch Ole Feldbæk und Erik Gøbel stützen.[16] Daneben gründet sie sich auf eine breite, allgemeine historische Forschung zur europäischen Alkoholgeschichte; denn Alkohol in Europa selbst zählt seit langem zu den am breitesten und tiefsten untersuchten Nahrungs- und Genussmitteln. Lange Zeit war die einschlägige Debatte allerdings von der Medizin und den Sozialwissenschaften dominiert. Geschichtswissenschaften und Nachbardisziplinen wie die Ethnologie oder Archäologie standen demgegenüber eher im Hintergrund. Seit der Jahrtausendwende hat sich das jedoch deutlich geändert. So entstanden zahlreiche innovative historische Studien, die sich der Geschichte des Alkoholkonsums, den damit verbundenen Gesundheitsdebatten oder der Temperenzbewegung widmen.[17] Darin geht es einerseits um den Konsum allgemein, der oftmals im Rahmen von Länderstudien (bisweilen zu vermeintlich besonders prädestinierten Regionen wie Russland oder Nordeuropa) untersucht wird. Zudem entstanden im Kontext der frühneuzeitlichen europäischen Geschichte in den vergangenen Jahren einige bemerkenswerte Studien mit gesellschaftshistorischem Schwerpunkt. Diese betrachten etwa die Wirtshauskultur oder die Frage nach der sozialen Bedeutung von Alkoholismus sowie nach einem durch die frühe Industrialisierung bedingten

---

[14] Der Königl. Dänischen Missionarien aus Ost-Indien eingesandter Ausführlichen Berichten; Neuere Geschichte der evangelischen Missionsanstalten zur Bekehrung der Heiden in Ost-Indien.

[15] Delfs, Dänisch-Englisch-Hallesche Indienmission, S. 21 f.

[16] Z.B.: Feldbæk, India Trade under the Danish Flag; Gøbel, Mellem København og Tranquebar.

[17] Bauck, Nüchterne Staatsbürger für junge Nationen; oder einige Aufsätze sowie die Einleitung in: Große / Spöring / Tschurenev (Hgg.), Biopolitik und Sittlichkeitsreform. Vgl. auch Kamenov, Global Temperance and the Balkans, oder Zandberg, „In Vorbereitung der neuen Welt".

Wandel des Konsums.[18] Zeitgleich wurden auch Überblickswerke ohne einen konkreten Länderbezug oder auch konfessionsspezifische Betrachtungen veröffentlicht.[19]

In nahezu all diesen Werken fällt eine förmliche Vernachlässigung des 18. Jahrhunderts zugunsten früherer und späterer Zeiträume auf. Für das vorliegende Buch, dessen Untersuchungsschwerpunkt genau in jenem Jahrhundert liegt, ergibt sich dadurch das Problem, dass ein Vergleichsmaßstab zur Einordnung der kolonialen Situation fehlt.

Weitere geschichtswissenschaftliche Arbeiten beschäftigen sich mit dem Alkoholismus als zentralem gesellschaftlichem und kriminalhistorischem Problem des ausgehenden europäischen Mittelalters und der Frühen Neuzeit. Dabei werden auch Gender-Aspekte oder das Konzept der Aufklärung einbezogen.[20] Ein zentrales Ergebnis der meisten jener Studien ist die Beobachtung von „auffälligen Konstanten menschlichen Verhaltens unter Alkoholeinfluß" zwischen Antike und Gegenwart in Europa.[21] Ob eine derartige Beobachtung ebenso für koloniale Welten mit ihren eigenen kulturellen, sozialen und klimatischen Gesetzmäßigkeiten gilt, muss noch in hinreichender Tiefe erforscht werden. Auch die zum sozialen Umgang mit Alkohol gehörenden Machtdiskurse und -hierarchien kamen in den letzten zwei Jahrzehnten

---

[18] Kümin / Tlusty (Hgg.), The World of the Tavern; Tlusty, Bacchus und die bürgerliche Ordnung; Brennan / Tlusty / Kümin (Hgg.), Public Drinking in the Early Modern World (mit Quellen zu Frankreich, Amerika und dem Heiligen Römischen Reich); Hirschfelder, Alkoholkonsum am Beginn des Industriezeitalters; mit einem eher anglo-amerikanischen Schwerpunkt der Sammelband Schmid / Schmidt-Haberkamp (Hgg.), Drink in the Eighteenth and Nineteenth Centuries; obwohl mehrheitlich europäisch, schon globaler orientiert mit der Berücksichtigung der USA, Australiens und Russlands: Holt (Hg.), Alcohol.

[19] Toner (Hg.), Alcohol in the Age of Industry, Empire, and War; Phillips, Alcohol. A History (auch in deutscher Übersetzung); Barrows / Room (Hgg.), Drinking; mit einem eher populärwissenschaftlichen Ansatz: Forsyth, Short History of Drunkenness; oder nicht allein auf Alkohol, sondern auch andere Genussmittel bezogen: Furrer, Zechen und Bechern.

[20] Frank, Trunkene Männer und nüchterne Frauen; zu Frankreich, Italien und England bis ca. 1700: Martin, Alcohol, Sex and Gender.

[21] Kaiser, Trunkenheit und Gewalt im Mittelalter (Zitat: Klappentext).

ausführlicher in den Blick.[22] Begrenzt geriet das Thema in den letzten Jahren auch in den Fokus globalhistorischer Untersuchungen.[23]

Gleichwohl lassen sich weiterhin für die vorliegende Arbeit relevante Forschungsdesiderate identifizieren: (1.) Der für Europa festgestellte zeitliche Schwerpunkt auf der neuesten Zeit und die weitgehende Lücke des 18. Jahrhunderts gelten auch in globaler Hinsicht. Die geschichtswissenschaftliche Forschung zum Thema konzentrierte sich (2.) lange Zeit in der Hauptsache auf die westliche Welt sowie auf außereuropäische Regionen der Gegenwart oder der jüngeren Vergangenheit. Hingegen zeigt sich das Thema in Hinblick auf vormoderne nichteuropäische Gesellschaften als deutlich geringer erforscht, wenngleich auch hier Fortschritte zu verzeichnen sind. Besonders überraschend ist (3.) der Umstand, dass der Alkoholhandel der verschiedenen europäischen Handelskompanien des 18. Jahrhunderts trotz einer teils exzellenten Quellenlage bisher allenfalls in Ansätzen untersucht wurde.[24]

Indien nimmt in dieser Hinsicht noch einmal eine Sonderstellung ein, wird es doch im Unterschied zu anderen Weltregionen selbst in globalgeschichtlichen Überblicksdarstellungen allenfalls am Rande und mit noch deutlicheren zeitlichen Lücken erwähnt.[25] Einzeldarstellungen beschäftigen sich insbesondere mit dem „alten" Indien und der Zeit seit dem 19. Jahrhundert.[26] Das sich hier andeutende Desiderat eröffnete für den Subkontinent früh

---

[22] Zuletzt zu Europa und dem atlantischen Raum in einigen Aufsätzen des Sammelbandes von Tlusty (Hg.), Alcohol in the Early Modern World; oder zur Genderthematik populärwissenschaftlich: O'Meara, Girly Drinks.

[23] Hames, Alcohol in World History; Ernst (Hg.), Alcohol Flows across Cultures.

[24] Derartige Ansätze finden sich vor allem in den Aufsätzen von Nozawa, die die Möglichkeiten anhand des Beispiels der VOC und Japans andeuteten: Nozawa, Reshipment of European Wines to the Dutch East Indies; ders, Wine-drinking Culture in Seventeenth Century Japan; ders., Wine as a Luxury at the Dutch Factory in Japan. Der sich ausdrücklich mit Indien beschäftigende Chatterjee, Lives of Alcohol, verwendet wiederum keine Quellen aus den europäischen Archiven.

[25] Krieger, Geschichte des Alkohols, S. 399 f., 408; Hames, Alcohol, S. 91 f., 106–108, die sich neben einigen Erwähnungen des „alten" Indien vornehmlich auf das 19. und das 20. Jahrhundert konzentrieren. Bei Phillips, Alcohol, S. 12, 276 f., wird Indien im gesamten Buch nahezu ausschließlich mit Bezug zum 19. und zum 20. Jahrhundert lediglich auf drei Seiten erwähnt, obwohl das Werk längere Abschnitte zum Kolonialismus enthält. Bei O'Meara, Girly Drinks, S. 70–72, findet allein das „alte" Indien Berücksichtigung.

[26] Um nur einige Beispiele zu nennen: McHugh, An Unholy Brew; Menon, Battling the Bottle; Hardiman, From Custom to Crime; Wald, Governing the Bottle.

Räume für pseudowissenschaftliche und ideologische Ansätze.[27] So wurde der einschlägige Diskurs zum vorkolonialen und kolonialen Indien lange Zeit von religiös-nationalistisch determinierten oder westlich-orientalisierenden Herangehensweisen bestimmt.[28] Besonders auffällig ist die Konstruktion eines landläufigen Topos' von der vermeintlichen Alkoholabstinenz der indischen Gesellschaften in präkolonialer Zeit und der Verbreitung alkoholischer Getränke erst durch die Kolonialherren. Von diesem Diskurs war nicht zuletzt Gandhis Gedankenwelt geprägt.[29] Letzterer brandmarkte den landläufigen Alkoholmissbrauch unter der indischen Bevölkerung nicht nur als soziales Übel, sondern auch als Hindernis auf dem Weg zur Unabhängigkeit.[30] Derartige Festlegungen lassen bis heute nur wenig Raum für eine wissenschaftliche Betrachtung des vormodernen, nicht-kolonialen Indien. Bei der Erforschung von Rauschmitteln in Südasien dominieren stattdessen die Opium-Frage und die Konzentration auf andere Drogen wie etwa Cannabis.[31]

Wenngleich die genannten Erzählungen und Stereotype in jüngerer Zeit deutlich kritisiert, nuanciert und korrigiert wurden, fehlt es nach wie vor an übergreifenden Monographien zur Geschichte des Alkohols in Indien.[32] Die Wirtschaftsgeschichte und die Geschichte der materiellen Kultur des Alkoholkonsums in Indien bleiben unerforscht, und die Frage nach dem Alltagskonsum durch Europäer und Inder, Männer und Frauen, steht nach wie vor im Hintergrund.[33] Die Kompanieakten und andere Quellen aus dem dänisch-kolonialen Kontext können hier neue, tiefere Einsichten vermitteln.

---

[27] Somasundaram / Raghavan / Murthi, Drinking Habits in Ancient India.

[28] Fischer-Tiné / Tschurenev, Introduction.

[29] Fahey / Manian, Poverty and Purification; Krieger, Geschichte des Alkohols, S. 405 f.

[30] Ausführlich: Colvard, A World without Drink.

[31] Unter vielen: Winther, Anglo-European Science and the Rhetoric of Empire; Mills, Madness, Cannabis and Colonialism; Farooqui, Opium Enterprise and Colonial Intervention; Markovits, The Political Economy of Opium Smuggling; vgl. zum Literaturbefund Fischer-Tiné / Tschurenev, Introduction, S. 3 f. sowie Krieger, Geschichte des Alkohols, S. 394.

[32] Beispielsweise bei Fischer-Tiné, „The drinking habits of our countrymen", oder schon früher: Chatterjee, Lives of Alcohol; Krieger, Geschichte des Alkohols, S. 394. Zuletzt erschien immerhin eine umfassende Überblicksstudie zum Alkohol im „alten" Indien, die ebenfalls mit einigen Narrativen wie der vermeintlichen indischen Abstinenz aufräumt: McHugh, An Unholy Brew.

[33] Anregungen finden sich bereits bei Krieger, Furniture and Decoration, S. 173; Khare, The Wine-cup in Mughal Court Culture.

Die Dänen in Indien

Der dänische Handel mit alkoholischen Getränken nach und in Indien setzte die Existenz einer indo-europäischen Konsumgesellschaft auf dem Subkontinent voraus. Ohne das Vorhandensein einer zahlungskräftigen, sich aus Europäern und wohl nur wenigen Indern zusammensetzenden Abnehmerschicht wäre der große Erfolg insbesondere der Weinexporte nicht zu erklären. Die personale und institutionelle Basis dieses Geschäfts bildeten die unter dem Danebrog stehenden Handelsplätze Tranquebar und Serampore.

Die dänische Monarchie stellte während der Frühen Neuzeit nicht nur eine europäische Großmacht, sondern auch ein global operierendes Staatsgebilde dar. Seit dem Mittelalter zählten Norwegen mit seinen nordatlantischen Besitzungen, das südliche Schweden (bis 1658) und die Herzogtümer Schleswig und Holstein sowie auch koloniale Besitzungen in Asien, Afrika und in der Karibik zum Unionskönigtum.[34] Mehr als zwei Jahrhunderte lang waren dänische Handelskompanien auf dem Indischen Ozean aktiv und beteiligten sich sowohl am Interkontinentalhandel als auch am intraasiatischen Warenaustausch.

Die Anfänge gingen auf das Engagement niederländischer Kaufleute zurück, die außerhalb des Handelsmonopols der niederländischen Vereenigde Oost-Indische Compagni (VOC) am Geschäft mit Asien zu partizipieren trachteten und sich entsprechend unter den Schutz einer anderen europäischen

---

[34] Zur dänischen Kolonialgeschichte im Überblick: Jungmann / Krieger (Hgg.), Dänemark als globaler Akteur.

maritimen Macht begaben. Auf deren Initiative und maßgeblich gefördert von König Christian IV. entstand 1616 die erste privilegierte dänische *Ostindisk Kompagni*. Diese verfügte nach Vorbild der VOC über das Monopol für den kompletten dänischen Warenaustausch mit dem Indischen Ozean.[35] Als Gegenleistung wurde erwartet, dass die Handelsgesellschaft künftige koloniale Erwerbungen der dänischen Krone in der Region auf eigene Kosten verwalten, verteidigen und die Retourfrachten ausschließlich in Kopenhagen entladen würde.[36] Im Rückblick mag es als leichtgläubig erscheinen, dass der dänische Herrscher bei der Aussendung der ersten Ostindienflotte auf die Versprechungen eines Niederländers namens Marcelis de Boshouwer hereinfiel. Dieser gab sich als Abgesandter eines angeblichen „Kaisers von Ceylon" aus und stellte den Nordeuropäern im Gegenzug für militärische Unterstützung weitreichende Handelsprivilegien auf der Insel in Aussicht.[37]

Die Kontaktaufnahme der ersten vier Schiffe mit Ceylon war nicht zuletzt durch mangelnde Expertise im Asienhandel zum Scheitern verurteilt. 1620 gelang den dänischen Kompaniekaufleuten stattdessen aber der Abschluss eines Abkommens mit dem Herrscher des südindischen Fürstentums von Tanjore, Raghunata. In dessen Territorium hatten sich bereits Portugiesen niedergelassen und Raghunata hoffte offenbar, mit den Dänen einen europäischen Konkurrenten ins Land zu holen, der ein übermäßiges Erstarken der portugiesischen Macht verhindern würde.[38] Noch in demselben Jahr pachteten die Nordeuropäer im Namen Christians IV. den direkt an der südostindischen Koromandelküste gelegenen Handels- und Fischerort Tharangambadi, an dessen südlichem Rand sie die bis heute in ihrem Grundriss kaum veränderte Festung Dansborg errichteten. Damit begründeten sie eine, wenn auch zeitweise prekäre, Kontinuität, die bis 1845 reichen sollte und sich im Grunde in Gestalt des heutigen dänischen Containergeschäfts mit Asien bis in die Gegenwart fortsetzt.

Tharangambadi, in europäischer Verballhornung Tranquebar, befindet sich inmitten des Kaverideltas, das sich seit jeher durch fruchtbares Agrarland, eine hohe Bevölkerungsdichte und hochentwickelte indigene Staatlichkeit

[35] Feldbæk, Danske Handelskompagnier, S. 25–33.
[36] Feldbæk / Jespersen, Revanche og neutralitet, S. 299 f.
[37] Krieger, Kaufleute, Seeräuber und Diplomaten, S. 29–34.
[38] Ebd., S. 34–38.

auszeichnete. Archäologische Funde aus der unmittelbaren Nachbarschaft belegen Handelskontakte bis in den Mittelmeerraum schon zur Zeit des Römischen Reiches. Fragmente antiker Amphoren aus dem nördlich Tranquebars gelegenen, antiken Emporium Arikamedu lassen bereits für das Altertum einen Weinhandel zwischen Europa und Indien vermuten.[39] Um die erste Jahrtausendwende lag im Kaveridelta das Zentrum des mächtigen Chola-Reiches, das auch in Tranquebar selbst in Gestalt archäologischer Funde Spuren hinterlassen hat. Das älteste, eindeutig datierbare Bauwerk vor Ort, ein heute direkt am Strand gelegener Tempel, wurde einer Inschrift nach im Jahr 1305 errichtet. Seit dem 16. Jahrhundert geriet die Küstenregion zunächst unter portugiesischen Einfluss und im darauffolgenden Jahrhundert in die Interessensphäre von Niederländern, Engländern und Dänen.[40]

Die europäische Besatzung der Festung Dansborg bestand anfangs aus wenigen europäischen Kaufleuten, einem Geistlichen und einer kleinen Truppe von 100–200 Soldaten. Die Festung bot in ihrem der Seeseite zugewandten Hauptflügel Wohnräume für die schmale europäische Führungselite; ebenso befand sich dort ein größerer Versammlungs- und Gebetsraum. In den niedrigeren drei Seitenflügeln lebten unter beengten Verhältnissen die Soldaten neben Pferdeställen, Küche und Gefängnis. Die Lagerräume für die Handelswaren lagen im Kellergeschoss unter dem Hauptgebäude.[41]

In der Anfangsphase ähnelte die dänische Niederlassung wie die meisten anderen europäischen Stützpunkte der Region eher einem kleinen Handelsposten, einer sogenannten Faktorei, denn einer kolonialen Stadt. Die frühe Kolonialgesellschaft war weit überwiegend männlich; komplexere Haushalts- und Familienstrukturen entwickelten sich kaum. Umso größer war die Abhängigkeit des frühen kolonialen Tranquebar von der lokalen Umwelt. Diese lieferte Nahrungsmittel und Einrichtungsobjekte für die Verwendung im Alltag, und die an der Koromandelküste verbreitete, vor allem weibliche, Sklaverei sorgte für eine stete Versorgung mit unfreien Arbeitskräften sowie für die Entstehung temporärer indisch-europäischer Lebenspartnerschaften.[42] In Anbetracht der zahlenmäßig geringen Präsenz der Europäer existierte nur

[39] Begley, Ancient Commerce of Pudoke, S. 9.
[40] Im Überblick: Raychaudhuri, Jan Company in Coromandel, S. 1–14.
[41] Hjelm, Dansborg.
[42] Krieger, Der dänische Sklavenhandel auf dem Indischen Ozean, S. 25–28.

eine äußerst geringe Nachfrage nach europäischen Konsumgütern. Ein erstes erhaltenes Inventar der Festung Dansborg zeigt deutlich, dass Möbel und Alltagsobjekte hauptsächlich indischer Provenienz waren.[43]

Der frühe Interkontinentalhandel zwischen Kopenhagen und Tranquebar entwickelte sich moderat, was in erster Linie an der dünnen Kapitaldecke der Ostindienkompanie lag. Bald stürzte jener ohnehin in eine von mehreren Krisen, als Dänemark infolge der Teilnahme am Dreißigjährigen Krieg von einer schweren Wirtschaftskrise heimgesucht wurde. Während anfangs jährlich 1–2 Interkontinentalschiffe Tranquebar von Kopenhagen aus anliefen und vor allem mit Pfeffer beladen wieder zurückkehrten, wurde die Frequenz bereits Ende der 1620er Jahre deutlich geringer. Zwischen 1639 und 1668 verkehrte schließlich kein einziges Fahrzeug mehr auf der Interkontinentalroute, was Mitte des Jahrhunderts zur Auflösung der Handelsgesellschaft führte.[44]

Umso wichtiger wurde es für die im Laufe der Jahrzehnte dahinschmelzende kleine europäische Gemeinschaft Tranquebars, sich am traditionellen intra-asiatischen Handel zu beteiligen. Von Beginn an hatten intra-asiatische Handelsfahrten unter dem Danebrog eine große Rolle gespielt, galt es in den ersten Jahren doch, die in Europa nachgefragten Handelsgüter aus unterschiedlichen Regionen des Indischen Ozeans auf kleineren Fahrzeugen asiatischer Bauart nach Tranquebar zu bringen, um sie gesammelt von dort aus weiter nach Europa zu transportieren. Mit dem Ausbleiben der Fahrzeuge aus dem Mutterland wandelte sich der intra-asiatische Handel schließlich zur einzigen Einnahmequelle, die das Überleben der wenigen Dänen am Indischen Ozean sicherte.[45] So unternahmen die Nordeuropäer von Tranquebar aus Handelsfahrten an die Malabarküste, auf die Malayische Halbinsel und in die indonesische Inselwelt. Zur Stützung ihrer Präsenz in jenen Regionen entstanden weitere Niederlassungen. Bei diesen Faktoreien handelte es sich um kaum mehr als um kleine, umfriedete Grundstücke mit Packhäusern und Wohnräumen für die wenigen Mitarbeiter vor Ort. Ebenso wenig wie in Tranquebar selbst konnte sich dort europäische Alltags- und Konsumkultur entwickeln.[46]

---

[43] RAK, Danske Kancelli, Rentekammerafdelingen, Willum Leyels Arkiv, II.10, Fortegnelse paa Gods i Kommandantens Bolig, 1645–1647.
[44] Feldbæk, No Ship for Tranquebar for twenty-nine Years.
[45] Krieger, Kaufleute, Seeräuber und Diplomaten, S. 86.
[46] Ebd., S. 26–100.

Erst zwei Jahrzehnte nach Ende des Dreißigjährigen Krieges waren die Dänen in der Lage, erneut von Kopenhagen aus Handelsexpeditionen nach Indien auszusenden. Nach einem zaghaften wie erfolgreichen Vortasten entstand 1670 eine zweite *Ostindisk Kompagni*. Mit dem nun vorübergehend einsetzenden Handelsaufschwung erwiesen sich die beengten Räumlichkeiten in der Festung bald als zu klein. Ebenso wie im englischen Madras oder Kalkutta verließen die Kompaniekaufleute mit wachsendem Wohlstand die Festung Dansborg und errichteten sich repräsentative Wohngebäude in unmittelbarer Nachbarschaft. Seit den 1670er Jahren entstand auf diese Weise zwischen der Festung und der weiter nördlich gelegenen indigenen Fischer- und Händlersiedlung allmählich eine koloniale Stadt.[47] Im Schutz von Graben, Mauer und Stadttoren gründeten sich ganze Häuserzeilen im Stil des niederländischen Kolonialbarock, ebenso das Gebäude der Zivilverwaltung sowie die dänisch-lutherische Zionskirche und die Neu Jerusalemskirche der seit 1706 in Tranquebar wirkenden Dänisch-Halleschen Missionare.[48]

Sukzessive brachten sich die Nordeuropäer auch in den Besitz eines kleinen Landgebiets von insgesamt etwa 50 qkm um die wachsende koloniale Stadt. Jenes konnte vom Umfang her nicht mit den expandierenden britischen Territorien auf dem Subkontinent mithalten, doch dokumentierte es gleichwohl den ernsthaften Willen, auch außerhalb der Stadtmauern Einfluss auf die Agrarproduktion und die Textilherstellung zu gewinnen. Erst jetzt entwickelte sich in bescheidenem Umfang eine komplexere Kolonialgesellschaft mit europäischen Männern, Frauen und ganzen Familien, wobei die sozialen und ökonomischen Verbindungen zum indischen, ebenfalls innerhalb der Stadtmauer gelegenen Viertel stets eng waren. Neben der kleinen, aus Kompaniekaufleuten, Geistlichen und Soldaten bestehenden dänischen Minderheit ließen sich nun zunehmend katholische Inder (die sogenannten „Portugiesen"), Deutsche, Niederländer, Engländer, später auch Franzosen teils mit ihren Familien nieder.[49]

Die wohlhabendsten europäischen Kaufleute und Amtsträger residierten in der zum westlichen Stadttor führenden Kongensgade; einkommensschwächere europäische Einwohner, darunter auch die Soldaten, lebten in

---

[47] Feldbæk, The Development of an Indo-European Town in Mughal India, S. 11 ff.
[48] Ebd., S. 16.
[49] Krieger, Material Culture, S. 55.

benachbarten Straßenzügen wie der Prins Jørgensgade und der Nygade. Eine Wohngebäudezählung ergab im Jahr 1730 bereits 66 europäische, 38 indo-portugiesische und 570 indische Haushalte. Die Zahl der europäischen Einwohner dürfte in jener Zeit bei 200–250 Menschen gelegen haben, was im Vergleich mit der Anfangszeit eine deutlich größere Konsumentenschicht bedeutete.[50]

Die städtebauliche Entwicklung Tranquebars erfuhr in den ersten Jahrzehnten des 18. Jahrhunderts eine erneute Hemmung, als Dänemark durch die nunmehrige Teilnahme am Großen Nordischen Krieg wieder einmal kaum Kapital zur Aussendung von Schiffen aufbringen konnte. 1729 wurde auch die zweite *Ostindisk Kompagni* aufgelöst. In dieser Zeit hatte sich die Kolonialgesellschaft in der dänischen Besitzung aber nicht zuletzt durch die Partizipation am intra-asiatischen Handel bereits so weit konsolidiert, dass deren Existenz nicht mehr wie im 17. Jahrhundert in Gefahr geriet.

Die weitere architektonische Entwicklung und das bevölkerungsmäßige Anwachsen Tranquebars seit dem zweiten Drittel des 18. Jahrhunderts gründeten sich einerseits auf die Erschließung eines gänzlich neuen Marktes. So erlangte der dänische Asienhandel nach einem Jahrhundert des Auf und Ab seit Mitte der 1730er Jahre durch den massiven Ausbau des Exports von Tee und Porzellan aus China nach Europa eine nachhaltige Blüte. Im Gegensatz zum Indienhandel verlangte das Teegeschäft einen vergleichsweise geringen Kapitalaufwand, da in Kanton – dem einzigen offiziellen Exporthafen des Reichs der Mitte – keine dauerhaften Faktoreien unterhalten werden mussten, sondern die Europäer entsprechende Räumlichkeiten von der lokalen Händlergilde des Co Hong anzumieten hatten. Mit wachsender Attraktivität von Seide, vor allem aber auch von Baumwolltuchen in Europa, erlebte in der Folgezeit auch das Indiengeschäft unter dänischer Flagge eine Renaissance.[51]

Neben den aus dem Chinahandel geschöpften Gewinnen begünstigten andererseits auch die allgemeinen ökonomischen und politischen Rahmenbedingungen daheim die Entwicklung Tranquebars. In einer Denkschrift von 1746 begriff der führende Politiker der Monarchie, Adam Gottlob Moltke, den neutralen dänischen Überseehandel gerade in einer Zeit britisch-französischer Konflikte als enorme Chance für die wirtschaftliche

---

[50] Pedersen, Tranquebars Historie, S. 19 f.
[51] Krieger, Kaufleute, Seeräuber und Diplomaten, S. 103.

Entwicklung des eigenen Landes. Auch wenn Moltke vorrangig das Mittelmeer und Westindien in den Blick nahm und dort versuchte, den neutralen Status der dänischen Handelsschifffahrt zu sichern, hatte seine Politik auch positive Auswirkungen auf das Geschäft mit Südasien.[52]

Die Gewinne aus Chinahandel und Neutralitätspolitik hatten nicht nur Folgen für die städtebauliche und ökonomische Entwicklung Tranquebars, sondern führten auch zur Gründung weiterer Handelsplätze in Indien. So wurde mit Bengalen eine andere Region für die Dänen attraktiv, um schließlich gegen Ende des Jahrhunderts die Koromandelküste an Bedeutung ganz zu ersetzen. Nach der kurzzeitigen, erfolglosen Gründung einer Faktorei in Bengalen bereits im ausgehenden 17. Jahrhundert gelang 1755 mit der Etablierung des Handelsplatzes Serampore (Frederiksnagore) etwa 25 Kilometer nördlich Kalkuttas dort die dauerhafte Niederlassung.

Anders als weitere, kleinere Faktoreien in Orissa (Balasore) und an der Malabarküste (Calicut und Colachel) entwickelte sich Serampore ähnlich wie Tranquebar im Laufe der Jahrzehnte zu einer kolonialen Stadt. Es ist in erster Linie dem langjährigen, aus Norwegen stammenden Gouverneur Ole Bie zu verdanken, dass der Ort mit Gouverneursgebäude, der St. Olavskirche und repräsentativen Privathäusern zu einer oft gepriesenen architektonischen Perle am Fluss Hughli heranwuchs.[53] Gestützt wurde die Entwicklung durch das Wirken baptistischer Missionare, allen voran William Carey, Joshua Marshman und William Ward. Diese machten Serampore nicht nur zu einem Mittelpunkt der Mission, sondern auch zu einem intellektuellen Zentrum. Unter deren Einfluss gründete sich 1818 mit einem College die nach Kopenhagen und Kiel dritte Universität in der dänischen Monarchie.[54]

Weniger glücklich verlief die Inbesitznahme der zwischen Indien und der Malayischen Halbinsel gelegenen Nikobarischen Inseln ebenfalls Mitte der 1750er Jahre. Das ungesunde Klima verurteilte jeglichen Kolonisationsversuch von Beginn an zum Scheitern. Auch die Bemühungen, die Kolonialhoheit mit Hilfe einer kleinen Gruppe Herrnhuter Missionare aufrechtzuerhalten, scheiterte. Demgegenüber hielten die Herrnhuter etwa

---

[52] Feldbæk / Jespersen, Revanche og Neutralitet, S. 299–302.
[53] Zu Architektur und Entwicklung Serampores: Aalund / Rastén, Indo-Danish Heritage Buildings of Serampore.
[54] Potts, British Baptist Missionaries in India.

2 km außerhalb Tranquebars zwischen 1760 und 1801 einen Stützpunkt in Indien, den sogenannten „Brüdergarten", aufrecht. Als ebenso wenig dauerhaft wie auf den Nikobaren erwiesen sich die Versuche der Herrnhuter und der Dänisch-Englisch-Halleschen Mission, in anderen indischen Orten Missionsstützpunkte zu etablieren. Beide Gruppen waren nur kurzzeitig etwa auch in Serampore tätig.[55]

Die letzten Jahrzehnte des 18. Jahrhunderts waren für die Dänen „glänzende Zeiten". Der enorme Aufbruch des globalen Handels unter dänischer Flagge war den politischen Zeitläufen und der Entwicklung der europäischen Kriege geschuldet. Während die eigentlich führenden Handelsmächte Niederlande, Großbritannien und Frankreich bis auf wenige Ausnahmen jahrzehntelang kriegsbedingt ihren weltweiten Warenaustausch nur sehr begrenzt, teils auch überhaupt nicht durchführen konnten, sorgte in der dänischen Monarchie die besonnene Außenpolitik nunmehr des langjährigen Außenministers Andreas Peter Bernstorff weiterhin für einen Kurs der Neutralität. Dieser zeitigte auch im dänischen Asienhandel in der Zeit des Amerikanischen Unabhängigkeitskrieges und der Französischen Revolutionskriege große Gewinne. Die Profiteure waren sowohl die Asienkompanie als auch einige große Kopenhagener Handelshäuser, die personell auf das engste mit der Kompanie verflochten waren.[56]

Auf Druck der Handelshäuser wurden, einzig in Europa, bereits 1772 das Monopol der Asiatisk Kompagni für Indien aufgehoben und der dänische Indienhandel freigegeben.[57] Seitdem durfte jeder Kaufmann unter dänischer Flagge ein Schiff nach Indien aussenden, während die Kompanie zwar weiterbestand, nunmehr aber einem wachsenden privaten Wettbewerb ausgesetzt war. Auf diese Weise vermehrte sich die Zahl der von Dänemark nach Indien ausgehenden Schiffe signifikant. Meist verließen Jahr für Jahr 1–2, seltener 3 Kompaniefahrzeuge Kopenhagen in Richtung Südasien. Weitere Kompanieschiffe von für die Zeit teils gewaltigen Dimensionen brachen in Richtung China auf, wobei ein Teil der Chinafahrten auch über Tranquebar lief. Zwischen 1772 und 1779 wurden die Kompaniefahrten

---

[55] Delfs, Die Dänisch-Englisch-Hallesche Indienmission des späten 18. Jahrhunderts, S. 113–116.

[56] Jespersen / Feldbæk, Revanche og Neutralitet, S. 424–438.

[57] Hennings, Geschichte des Privathandels, S. 91–97; Feldbæk, India Trade under the Danish Flag, S. 10.

nach Indien durch jährlich 1–2 private Handelsexpeditionen ergänzt. In den 1780er und 1790er Jahren überstieg die Zahl der privaten Schiffe mit bis zu 12 jährlichen Abfahrten diejenigen der Kompanie dann aber um ein Vielfaches.[58] Im Gegenzug wurden, um die Handelsgesellschaft von hohen Verwaltungskosten zu entlasten, die kolonialen Besitzungen in Indien 1779 vom dänischen Staat übernommen und seitdem vom Kommerzkollegium in Kopenhagen verwaltet.[59]

Die wirtschafts- und außenpolitische Konsolidierung hatte auch Auswirkungen auf die weitere städtebauliche und demographische Entwicklung Tranquebars. So erfuhren die meisten europäischen Gebäude einen Umbau im Stile des Klassizismus, wenn sie nicht gänzlich neu errichtet wurden. 1784 zog der Gouverneur aus der Festung Dansborg in ein repräsentatives Gebäude am gegenüberliegenden Paradeplatz. Die Haushalte der Europäer und der indischen Oberschicht wurden zusehends europäischer. Alltagsobjekte und Mobiliar gelangten ebenso wie Nahrungsmittel nun in immer größerem Umfang über Kopenhagen in die Stadt. Die Volkszählung für das Jahr 1790 verzeichnete für Tranquebar neben 157 Dänen auch 20 übrige Europäer, 62 Indo-Portugiesen sowie 3.482 Inder.[60]

Mit der Entstehung einer komplexen indo-europäischen Kolonialgesellschaft standen die Dänen an der südlichen Koromandelküste nicht allein. Auch die Niederlassungen ihrer Konkurrenten erfuhren eine vergleichbare Transformation vom befestigten Handelsstützpunkt zur kolonialen Stadt und generierten auf diese Weise einen stetig breiter werdenden potentiellen Absatzmarkt für europäische Konsumgüter. Ähnlich wie Tranquebar entwickelte sich die französische Niederlassung Pondicherry im Laufe des 18. Jahrhunderts, unterbrochen durch ihre Zerstörung während des Siebenjährigen Krieges, von einer Festung zu einer kolonialen Stadt mit indischem und europäischem Viertel.[61] In etwas geringerem Maße galt dasselbe auch für die seit 1739 in französischem Besitz befindliche, unmittelbar südlich Tranquebars gelegene Niederlassung Karikal.[62] Auch das wiederum

---

[58] Feldbæk, India Trade under the Danish Flag, S. 241–254.

[59] Ebd., S. 10.

[60] Krieger, Material Culture, Knowledge, and European Society, S. 55–61.

[61] Zur Entwicklung Pondicherrys: Stephen, Urbanism and the Chequered Existence of the Indo-French Town of Pondicherry.

[62] Gros (Hg.), Historique et Statistique de Karikal, S. 199.

südlich Karikals gelegene Nagapattinam mit dem benachbarten muslimischen Handelsplatz Nagore stellte einen wichtigen Partner im dänischen intra-asiatischen Handel dar. Umso mehr galt das für das britische Madras, der größten und wirtschaftlich bedeutendsten europäischen Niederlassung an der südlichen Koromandelküste mit einer beträchtlichen europäischen und indo-europäischen Konsumentenschicht.

Mit Bernstorffs Tod 1797 wich der strikte Neutralitätskurs einer immer aggressiveren Außenpolitik, hinter der maßgeblich der Finanzminister Heinrich Ernst Schimmelmann und andere Kopenhagener Großkaufleute standen. Zunehmend bewegten sich die Dänen mit ihren Geschäften am Rande der anerkannten Neutralitätsregeln, um diese am Ende vollständig zu unterlaufen. Der kleine Kreis Kopenhagener Großunternehmer sowie einige Kolonialbedienstete in Dänisch-Ostindien profitierten nicht nur vom Transport der Handelsgüter kriegführender Nationen, etwa von der Verschiffung umfangreicher niederländischer Warenbestände aus Batavia nach Kopenhagen, sondern auch vom Handel mit Waffen.[63] Kolonialbedienstete vor Ort generierten durch den Verkauf neutraler dänischer Seepässe an die Kaufleute kriegführender Nationen zusätzlichen Gewinn. Diese Praxis beschwor das Misstrauen und schließlich die Gegenreaktion der Briten hervor. Insbesondere gegen die bewaffneten Konvoys, die seit Ende der 1790er Jahre oft fragwürdige Ladungen schützten, gingen jene schließlich gewaltsam vor. Auch an der „Schlacht auf der Kopenhagener Reede" 1801 und am britischen Überfall auf Kopenhagen im September 1807 trugen diese Handelspraktiken eine beträchtliche Mitschuld.[64]

Mit dem Eintritt Dänemarks in die Napoleonischen Kriege auf Seiten Frankreichs wurde auch der dänische Asienhandel in den Strudel des Konfliktes hineingezogen. Anfang 1808 besetzten die Truppen der britischen East India Company, nach einer kurzzeitigen Besetzung bereits 1801, Tranquebar sowie Serampore und gaben beide Orte erst mit dem Abschluss des Kieler Friedens 1814 wieder frei. Aber auch nach der Rückgabe konnte sich der dänische Asienhandel im Angesicht einer in der Zwischenzeit übermächtigen britischen Konkurrenz nicht wieder erholen. Tranquebar, Serampore und die letzte der kleinen Faktoreien, die Niederlassung in Balasore, wurden schließlich 1845 an die britische East India Company verkauft.[65]

---

[63] Feldbæk, Dutch Batavia Trade via Copenhagen.

[64] Jespersen / Feldbæk, Revanche og neutralitet, S. 449–473.

[65] Krieger, Kaufleute, Seeräuber und Diplomaten, S. 200–206.

Alkohol im dänischen Interkontinentalhandel

Strukturen und allgemeine Entwicklung des Kompaniehandels. Alkoholische Getränke begleiteten als Handelsgut den dänischen Asienhandel von Beginn an, auch wenn sie erst in der zweiten Hälfte des 18. Jahrhunderts konstitutive Bedeutung erlangten. Bereits im 17. Jahrhundert wurde Alkohol auf den Schiffen der ersten beiden dänischen Ostindienkompanien nicht nur für den Konsum an Bord, sondern auch zum späteren Verkauf in Asien mitgeführt. Das Bild bleibt auf Grund der unvollständigen Quellenüberlieferung bis zum Beginn der 1730er Jahre allerdings impressionenhaft. Beispielsweise führten die „St. Jakob" und die „St. Anna", die 1635 Kopenhagen in Richtung Tranquebar verließen, neben Blei auch größere Mengen an Bier und Branntwein als Handelsware mit sich.[66] 1673 lief wiederum die „Oldenburg" von Kopenhagen aus direkt das auf der Insel Java gelegene Bantam an. Mit an Bord sollen sich neben Münzen, Butter, Speck, Eisenwaren und europäischen Tuchen auch 80–90 Kisten Branntwein, ebenso Rostocker und Lübecker Bier befunden haben, wie die niederländischen Konkurrenten aufmerksam beobachteten.[67] Zweifellos führten auch andere Schiffe Alkohol mit sich, ohne dass jener als Exportgut eine größere Bedeutung erlangte.

In der ersten Zeit seit Gründung der quellenmäßig wesentlich besser dokumentierten Asiatisk Kompagni spielte Alkohol als Hinfracht immer noch eine marginale Rolle. Die „Greve Laurvig", die 1733 nach Indien aufbrach, ebenso die „Fredericus Quartus" im darauffolgenden Jahr, führten keinen

---

[66] Vgl. Bredsdorff, Willem Leyel, S. 27 f.
[67] Heeres, Dagh-Register gehouden int Casteel Batavia, 15. Mai 1673, S. 121.

Alkohol zum Verkauf in Indien mit. In geringem Umfang hielt die Kompanie in Tranquebar aber zumindest gelegentlich französischen Branntwein als Lagerware vor.[68] Auch die in den 1740er Jahren verschiffte Menge blieb disparat. Dabei bemühte sich jene im Geiste des Merkantilismus immerhin darum, dänische Produkte nach Indien zu senden, wie insbesondere „Korn viin", also dänischen oder schleswig-holsteinischen Schnaps, der 1750 gemeinsam mit französischem Branntwein auf die Reise ging.[69] Und selbst Jahre später führte Alkohol kaum mehr als ein Schattendasein. Die „Tranquebar" und „Dronning Sophia Magdalena", die Kopenhagen 1756 in Richtung Tranquebar verließen, hatten wiederum nichts an Bord.[70] Ein einheitliches Muster ist für jene Zeit noch nicht zu erkennen; die Wahl der verschifften Sorten und Qualitäten dürfte eher dem Zufall unterlegen haben.

Die Situation änderte sich Ende der 1750er Jahre. Dass Alkohol als Exportgut seitdem eine immer größere Rolle spielte, resultierte sowohl aus der allgemeinen Expansion des dänischen Indiengeschäfts in jener Zeit als auch aus den militärischen und politischen Zeitläuften in Indien selbst. Mit der Gründung von Faktoreien in Serampore, ganz in der Nähe des britischen Kalkutta, sowie in Orissa und an der Malabarküste steigerte sich der Erwerb von Pfeffer und von Textilien deutlich; hinzu kam ein wachsendes Interesse an indischem Salpeter und Opium. Im Gegenzug entwickelte sich ein größerer Bedarf an in Indien verkaufsfähigen europäischen Waren, um – anders als im Chinageschäft mit dem damit verbundenen gewaltigen Edelmetallabfluss – den Transfer von Silber aus Dänemark zumindest teilweise zu kompensieren. Vor diesem Hintergrund erschlossen die Nordeuropäer seitdem allmählich einen Absatzmarkt für Eisenwaren, Waffen, Holz, Teer, Schiffszubehör und Genussmittel auf dem Subkontinent. Begünstigt wurde diese Politik durch die sich zeitgleich beschleunigende territoriale Expansion der Briten, das Anwachsen der britischen kolonialen Städte und die gerade dort steigende Nachfrage nach europäischen Konsumgütern.

Noch 1757 brachte die „Grev Moltke" lediglich einige wenige Keller Branntwein nach Serampore sowie 140 Wein- und 150 Biergläser nach

---

[68] RAK, Asiatisk Kompagni, Afdelingen i Tranquebar, Hovedbog, 1734–1735, pag. 22.
[69] Ebd., Regnskabsjournal, 1. August 1750.
[70] RAK, Asiatisk Kompagni, Afdelingen i Tranquebar, Regnskabsjournal, 17. August 1756.

Tranquebar.[71] Nur wenige Zeit später wurden die potentiellen Absatzmärkte von der Asiatisk Kompagni dann aber mit gezielten Handelsexpeditionen systematisch erkundet. Zunächst experimentierten die Dänen damit, Genussmittel direkt in die von den Briten frequentierten Häfen zu bringen. Der Eruierung neuer Abnehmerkreise diente in diesem Sinne die auf den ersten Blick ungewöhnliche Reiseroute der „Kongen af Danmark" 1758–1759. Die Vorbereitung dieser Fahrt verlief sorgfältig und die Zusammenstellung der Hinfracht nahm mehr als ein Dreivierteljahr in Anspruch. In erster Linie wandte die Kopenhagener Kompaniedirektion ihre Aufmerksamkeit noch ganz traditionell dem Erwerb ausreichender Mengen an Silber und Metallwaren zu. Ergänzend holte sie nun aber auch gezielt Angebote verschiedener Kopenhagener Weinhändler ein. Nach einer hochoffiziellen Weinprobe in den Kontorräumen der Handelsgesellschaft wurden der Rotwein des Kaufmanns John Brown und der Weißwein eines gewissen Mr. Dreske für am besten befunden und eine nicht mehr feststellbare, offenbar noch geringe Menge von beiden Sorten ein gutes halbes Jahr vor der Abreise geordert.[72] Hinzu kamen Bier und 50 Pipes, also immerhin mehr als 28.000 l, Madeira, die auf der Hinreise direkt auf der gleichnamigen Insel aufgenommen wurden.[73]

Zwischen September 1758 und März 1759 hielt sich die „Kongen af Danmark" in Surat, dem bedeutendsten Hafen des Mogulreiches, auf, um von dort aus südwärts über Mangalore und das französische Mahé, jedoch

---

[71] RAK, Asiatisk Kompagni, Afdelingen i Frederiksnagore, Regnskabsjournal, 31. Dezember 1757; ebd., Afdelingen i Tranquebar, Regnskabsjournal 31. August 1757. Branntwein und vor allem Genever wurden in der Einheit „Kiælder" (Keller) angegeben. Beim Keller handelte es sich einerseits um ein Hohlmass von etwa 30 l, andererseits als sogenanntes Flaschenfutter um ein für Flaschen vorgesehenes Transportbehältnis, wie Krünitz angibt: „… ein viereckiges, hölzernes, inwendig mit Tuch ausgeschlagenes Behältniß oder Kasten mit Fächern, allerley Getränke oder Liqueurs in Flaschen auf der Reise und im Felde bey sich zu führen." S. Krünitz digital, Stichwort: Flaschen-Futter, [https://www.kruenitz1.uni-trier.de/xxx/f/kf01637.htm, Abruf: 19. Dezember 2024].

[72] RAK, Asiatisk Kompagni, Afdelingen i København, Direktionens resolutionsprotokol, 7. Oktober 1757.

[73] Krünitz gibt für eine englische Pipe, die auch für den Madeira genutzt worden sein dürfte, 1008 Pints an, so dass sich ein Wert von 573 l je Pipe ergibt, [https://www.kruenitz1.uni-trier.de/xxx/f/kf01637.htm, Abruf: 20. Dezember 2024].

nicht über Tranquebar, nach China zu segeln.[74] Ein Teil der Güter wurde in kleineren Partien im Laufe von Wochen direkt in Surat verkauft, ein anderer in der Hoffnung auf eine potentielle künftige europäische Abnehmerschaft in einem in der Stadt angemieteten Packhaus vorübergehend zwischengelagert. Offenbar bestand der Plan, im Falle des Erfolgs jene temporäre Niederlassung in eine dauerhafte Faktorei umzuwandeln.

Der in Surat entladene Alkohol bestand aus 48 Pipes Madeira, aus einigen wenigen Kisten erwähnten französischen Weiß- und Rotweins sowie aus 15 Fass Bier. Die in den Verkauf der großen Menge Madeira offenbar gesetzten Erwartungen erfüllten sich nicht.[75] Die dänischen Kompaniekaufleute notierten, dessen Absatz verlaufe nur schleppend; und überhaupt wisse niemand, wann die Stadt in den seit einiger Zeit im Lande zwischen indischen Mächten, Briten und Franzosen tobenden Krieg hineingezogen werden und sämtlicher Handel ohnehin unmöglich werden würde.[76] An dem sich hier andeutenden Fehlschlag beim Absatz von Madeira dürfte in Wirklichkeit die fehlende Marktkenntnis schuld gewesen sein; vielleicht war die mitgeführte Menge schlichtweg zu groß.

Kurz darauf eröffnete das Übergreifen des Siebenjährigen Krieges auf Südindien den Dänen mit ihren neutralen Besitzungen Tranquebar und Serampore neue Handelschancen direkt an der Ostküste.[77] Im Januar 1761 eroberten die Truppen der britischen East India Company die französische Besitzung Pondicherry. Ein wahrhafter Flüchtlingsstrom ergoss sich daraufhin von dort aus in Richtung des nahegelegenen Tranquebar, was in der dänischen Kolonie die Nachfrage nach europäischen Genussmitteln deutlich erhöht haben dürfte.[78] Aber auch das britische Madras spielte als Konsument seitdem eine immer größere Rolle. Die Absatzversuche in Surat wiederholten sich indes nicht, und auch in den dänischen Besitzungen an der Malabarküste spielte Alkohol als Handelsgut wie bereits zuvor keine Rolle.

---

[74] RAK, Asiatisk Kompagni, Afdelingen i København, Skibsprotokol „Kongen af Danmark", 1758–1760.

[75] Ebd., 11., 13., 14., 17. und 22. Oktober; 7., 17. und 20. November 1758.

[76] RAK, Asiatisk Kompagni, Afdelingen i København, Skibsprotokol „Kongen af Danmark", 1758–1760, 30. Oktober 1758.

[77] Kulke / Rothermund, Geschichte Indiens, S. 288 f.

[78] Stephen, Urbanism and the Chequered Existence of the Indo-French Town of Pondicherry, S. 44.

Das erste Schiff, das eine signifikante Alkoholladung unter neutraler dänischer Flagge an die Koromandelküste brachte, war die „Tranquebar", die bereits im Juni 1760 die gleichnamige dänische Kolonie erreicht hatte. Im Rechnungsjournal Tranquebars taucht neben Metallwaren, Pech, Teer, Tauwerk, Holz, aber auch Tabakpfeifen, Hüten und Glaswaren die vierstellige Zahl von 3.120 Rotweinflaschen auf. Hinzu kamen 4.080 Flaschen französischen Weißweins und von John Brown sowie vom Handelshaus Bonné & Fenger (das ebenfalls flämische Leinentuche verkaufte) gelieferter Branntwein.[79] Erstmals unter allen bis dahin nach Indien ausgesandten Fahrzeugen machte Alkohol nun fast ein Zehntel des gesamten exportierten Warenwertes aus.

Seitdem stieg der Umfang der ausgeführten Menge kontinuierlich an. Die auf die „Tranquebar" folgende „Grev Moltke" hatte bereits 17.600 Flaschen französischen Rotwein und 17.740 Flaschen Weißwein neben 80 Kellern französischem Branntwein für den Absatz in Tranquebar und Serampore an Bord. Immer stärker kristallisierte sich bei der Asiatisk Kompagni der Wein als wichtigstes alkoholisches Getränk heraus. So ging 1762 die „Kongen af Danmark" mit 28.060 Flaschen Rotwein und 12.000 Flaschen Weißwein auf die große Reise. Auch die in Tranquebar einen Zwischenstopp einlegenden Chinaschiffe, wie 1766 die „Dronning Sophia Magdalena", folgten diesem Trend.[80]

Ungefähr zwei Drittel der in den 1760er Jahren nach Indien ausgehenden Kompanieschiffe hatten auf diese Weise größere Mengen an Alkohol an Bord. So wandelte sich jener von einer bescheidenen Beifracht, die vermutlich in erster Linie die Binnennachfrage der dänischen Besitzungen befriedigt hatte, in ein förmliches Massengut. Von den 27 wiederum in den 1770er Jahren Indien anlaufenden Kompaniefahrzeugen hatten nunmehr alle ausnahmslos Alkohol in größerem Umfang geladen. Dasselbe gilt für die 19 Schiffe in den 1780er Jahren. Damit hatte jener einen maßgeblichen Anteil daran, dass die Asiatisk Kompagni zwischen 1775 und 1783 komplett auf die Ausfuhr von Silber nach Indien verzichten konnte und die Finanzierung der Retourfrachten durch Wechselgeschäfte und den Verkauf europäischer Handelswaren sicherte.[81]

---

[79] RAK, Asiatisk Kompagni, Afdelingen i Tranquebar, Regnskabsjournal, 15. Juni 1760.
[80] Ebd., Hovedbog 1766–1767, pag. 17, 20.
[81] Feldbæk, India Trade under the Danish Flag, S. 46, 75.

Das Jahr 1783 brachte dann aber nicht nur das Ende des Amerikanischen Unabhängigkeitskrieges mit sich, sondern auch einen Finanzskandal innerhalb der Kompanie, der durch Unterschlagung zum ungeheuren Verlust von 700.000 dänischen Reichstalern (Rt.) und zu Zahlungsschwierigkeiten führte. Im Gegensatz zum dänischen Export von Metallen und Waffen konnte die Alkoholausfuhr auch während des folgenden Ersten Koalitionskrieges nicht mehr an das Niveau der Zeit davor anknüpfen. Dass dieser Rückgang möglicherweise mit ansteigenden britischen Exporten nach Indien in Verbindung stand, kann angenommen werden, ist aber noch durch eine Vergleichsstudie zu beweisen. Der Eintritt Dänemarks in die Napoleonischen Kriege auf Seiten Frankreichs führte zu einem endgültigen Versiegen jeglicher Exporte. Die „Prindsen af Augustenborg", die Serampore Ende 1807 erreichte, war das letzte Kompanieschiff, das eine nennenswerte Alkoholladung mit sich führte.[82]

Bei den Exporten bildete sich ein charakteristisches Spektrum heraus, das sich zwar nicht in jeder einzelnen Handelsfahrt widerspiegelte, gleichwohl aber eine Grundtendenz repräsentierte: An erster Stelle stand einjähriger französischer Rotwein, gefolgt vom zweijährigen, sogenannten Firnwein, französischem Weißwein sowie zeitweilig Rheinwein. Daneben hatten in etwas geringerem, aber immer noch beträchtlichem Umfang niederländischer Genever und französischer Branntwein einen festen Platz auf den Ostindienschiffen. Eine Sonderrolle spielte der Madeira, der zeitweise in großer Menge verschifft wurde, dann aber wiederum überhaupt keine Bedeutung besaß. Alle anderen Produkte wurden sporadisch und meist in kleiner Menge exportiert. Das galt für dänisches Bier und Schnaps ebenso wie für englischen Porter, aber auch für Rum, der lediglich vereinzelt um 1770 ausgeführt wurde.[83] Auch französischer Kirschbranntwein ging wiederum um 1780 auf einigen wenigen Fahrten mit.

Im Zusammenhang mit den Alkoholausfuhren ist auch der Export von Bier- und Weingläsern nach Indien zu beobachten. Bereits um 1750 gehörten kleine sowie große Bier- und Weingläser zum Lagerbestand des Packhausmeisters der Asienkompanie in Tranquebar.[84] Es folgten

---

[82] Krieger, Wallich, S. 49.
[83] RAK, Asiatisk Kompagni, Afdelingen i København, Kassebog, 1. März, 8. Mai und 10. Dezember 1770.
[84] RAK, Asiatisk Kompagni, Afdelingen i Tranquebar, Regnskabsjournal, 1. August 1750.

weitere, zunächst kleinere Sendungen, etwa jeweils 60 kleine und 60 große Weingläser sowie 60 Biergläser 1753 mit der „Tranquebar".[85] Seit Beginn der 1770er Jahre gehörten Wein-, Bier- und Wassergläser im Umfang von jeweils 200–1.000 Stück bei vielen Ausfahrten zum Sortiment.[86]

Zu den unregelmäßiger ausgeführten Waren zählten vermutlich meist aus Frankreich stammende Korken, deren spätere Verwendung in Tranquebar oder Serampore sich nicht eindeutig klären lässt. Es ist anzunehmen, dass diese beim Umfüllen größerer Gebinde wie Pipes oder Keller in Flaschen für den Detailverkauf, vielleicht auch für das Umfüllen asiatischen Arraks, genutzt wurden. 1775 brachte erstmals die „Frederiksnagore" 20.000 „feine, französische" Korken nach Tranquebar, ohne dass in der direkten Folgezeit weitere Partien identifiziert werden können. Erst um 1800 zählten in Fässern verpackte Korken regelmäßiger zur Beifracht.[87]

Tabelle 1: Export von Korken auf dänischen Kompanieschiffen nach Indien (1775–1803)

Schiff	Abfahrt aus Kopenhagen	Korken (Stück)
Frederiksnagore	1775	20.000
Danmark	1796	50.000
Kronprincesse Marie	1798	100.000
Princesse Louisa Augusta	1799	100.000
Dannebrog	1802	80.000
Holsten	1802	30.000
Prindsen af Augustenborg	1802	100.000
Danmark	1803	80.000
Kronprindsessen	1803	80.000

Da die dänische Monarchie bis auf das nicht besonders gut haltbare Bier und oft aus Schleswig-Holstein stammenden Schnaps so gut wie keine alkoholischen Getränke produzierte, musste der überwältigende Teil der für

---

[85] Ebd., 13. Juni 1754.
[86] Z.B.: RAK, Asiatisk Kompagni, Afdelingen i Tranquebar, Regnskabsjournal, 10. Juli 1775, 6. Juni 1777.
[87] RAK, Asiatisk Kompagni, Afdelingen i Tranquebar, Regnskabsjournal, 5. Oktober 1775; RAK, Asiatisk Kompagni, Afdelingen i København, Skibsprotokol „Danmark", Dezember 1802, 31. August 1803, 20. Januar 1804; ebd., Skibsprotokol „Holsten", 4. Oktober 1802; ebd., Skibsprotokol „Danmark", 26. September 1796; ebd., Skibsprotokol „Danmark", 18. Mai 1804.

Indien bestimmten Waren zunächst aus anderen europäischen Ländern nach Kopenhagen eingeführt werden. Dabei importierte die Asiatisk Kompagni jenen nicht selbst, sondern überließ das Geschäft ausgewiesenen Handelshäusern. Neben dem Weinhändler Henrik Bolten, der die Kompanie zwischen den 1760er und 1780er Jahren am längsten belieferte, traten jeweils für kürzere Zeit andere Unternehmer wie Johann Ludwig Zinn sowie Andresen & Smith für Branntwein und Holsteiner Schnaps, H. Hagen ebenfalls für Branntwein, Brorson für Bier, N. Hvidt sowie Langebæk für Madeira und M. Rhodes ebenfalls für Wein auf den Plan.[88]

Der bereits genannte John Brown war Anfang der 1770er Jahre gemeinsam mit seinem Bruder in Gestalt des Handelshauses John & David Brown als Lieferant von englischem Bier tätig.[89] Gerade bei letzterem zeigt sich die enge Verflechtung zwischen privaten Interessen und den Kompaniegeschäften besonders deutlich: Erst als Importeur engagiert, ging David 1772 – im selben Jahr, als John & David Brown für die große Summe von 1.000 Rt. Genever nach Indien lieferte – nach Tranquebar, um dort das Amt des dänischen Gouverneurs anzutreten.[90] In Amsterdam fungierte wiederum das Unternehmen Thomas Wilkinson & Comp. als zuverlässiger Lieferant von Genever.[91] Die Getränke wurden von jenen Unternehmen nicht nur importiert, sondern teils auch in angemieteten Lagerräumen zwischengelagert und umgefüllt.[92] Dafür wurden in großer Zahl Flaschen, Fässer und Korken, etwa wiederum durch John & David Brown oder Iselin & Comp, geliefert.[93] In aller Regel wurde die Hinfracht mehrere Monate vor dem geplanten Auslaufen kontraktiert, um die erwünschte Zusammensetzung zuverlässig zu gewährleisten. Oft erhielt die Kompanie dabei in ausreichendem Umfang Angebote, etwa im April 1780 von Jens L. Mörch eine Offerte über 20–21 Oxhoft „beste sort fransk Brændeviin" zum günstigen Preis.[94]

---

[88] RAK, Asiatisk Kompagni, Afdelingen i København, Kassebog, 30. November 1769; ebd., 24. Dezember 1770.

[89] Ebd., 27. November 1770.

[90] Larsen, Dansk-Ostindiske Personalier og Data, Eintrag: Brown, David.

[91] RAK, Asiatisk Kompagni, Afdelingen i København, Europæiske breves kopibog, Thomas Wilkinson & Comp. an Direktion Asiatisk Kompagni, 7. April 1781.

[92] RAK, Asiatisk Kompagni, Afdelingen i København, Kassebog, 1. Dezember 1769.

[93] Ebd., 29. Dezember 1769, 27. November 1770.

[94] RAK, Asiatisk Kompagni, Afdelingen i København, Direktionens resolutionsprotokol, 1778–1781, Resolution 1018. Ein dänisches Oxhoft entspricht 226 l.

Je größer das Schiff war, als desto wertvoller erwies sich naturgemäß auch die Ladung. Kleinere Fahrzeuge mit einem Frachtvolumen von um die 200–300 Kommerzlasten[95] nahmen neben Silber Waren im Gesamtwert von etwa 30.000 Rt. auf. Bei den Chinafahrern, deren Frachtvolumen mit teils mehr als 1.000 Kommerzlasten um ein Vielfaches höher lag, befand sich Ladung bis zum sechsfachen Wert. Der Alkohol machte dabei mit 7–27 % wertmäßig einen jeweils schwankenden Anteil aus. Deutlich fällt ein Anstieg bis 1775 ins Auge, als es der Asiatisk Kompagni erstmals gelang, ganz auf die Ausfuhr von Silber aus Kopenhagen zu verzichten.

Tabelle 2: Anteil des Alkohols am Gesamtwert der Exportwaren ausgewählter Indienfahrten der Asiatisk Kompagni (1759–1779)

Name	Abreise aus Kopenhagen	Wert der Gesamtladung in Rt. (ohne Edelmetalle)	Wertmäßiger Anteil des Alkohols an der Gesamtladung, in %
Tranquebar	1759	23.698	9,1
Kongen af Danmark	1771	73.691	7,0
Juliana Maria	1775	180.360	16,4
Frederiksnagore	1775	30.151	27,0
Prins Frederik	1776	64.900	18,1
Rigernes Ønske	1777	30.820	15,0
Kongen af Danmark	1779	70.162	9,8

Gut verpackt ging die Ware auf die Reise. Letzte Reparaturen an Kisten und Fässern konnte der kompanieeigene Böttcher durchführen. Es lag im Interesse der Handelsgesellschaft, Schäden und Verluste während der Überfahrt nach Möglichkeit zu minimieren. Zu diesem Zweck erließ das Direktorium Instruktionen, welche die Aufgaben und Verantwortlichkeiten klar regelten. Besondere Pflichten kamen dabei dem Kapitän, dem Obersteuermann sowie dem Schiffsassistenten zu. Letzterer führte nicht nur das Schiffsprotokoll sowie ein Gagebuch über die Entlohnung der Besatzungsmitglieder, sondern er kontrollierte auch den Nahrungsmittelverbrauch während der Überfahrt. Gleichzeitig vertrat der Schiffsassistent die kaufmännischen Interessen der

---

95 Eine Kommerzlast entspricht etwa einer Tragkraft von 2,6 t.

Kompanie an Bord sowie an den Zielorten.[96] Während der Beladung mussten sowohl Obersteuermann als auch Schiffsassistent täglich an Bord anwesend sein. Beide hatten jeden Abend die aufgenommene Menge genau zu quittieren. Kapitän, Obersteuermann und Schiffsassistent waren zudem gemeinsam dafür verantwortlich, dass alle Waren einschließlich der alkoholischen Getränke ordnungsgemäß und sicher verpackt waren. Für jeden Verlust, der nicht auf das Konto von Leckage, Bruch oder technisch bedingtem Schwund ging, waren sie gegenüber der Kompanie haftbar.[97] Die unmittelbare Aufsicht über den Zustand der Flaschen und Fässer während der Überfahrt hatte der dem Schiffsassistenten unterstehende, sogenannte Boutellier.[98]

Nach Ankunft am Zielort sollte der Obersteuermann dem Kapitän einen seiner ihm untergebenen Steuerleute benennen, der sich für das Entladen der Ware verantwortlich zeichnete. Dieser musste täglich die beobachteten Mängel und Verluste notieren und genau protokollieren, was an Land gebracht wurde. Sobald sämtliche Ladung ausgeladen war, sollte sich der Obersteuermann einen Überblick über sämtliche fehlende Posten, Mängel und Schäden verschaffen, diese dem Kapitän mitteilen und sich schriftlich für die Verluste rechtfertigen. Unverzüglich nach Rückkehr hatten wiederum Kapitän und Obersteuermann die Kompanie in Kopenhagen über die Verluste zu informieren.[99]

Entsprechend wurden die einzelnen Gebinde während der langen Überfahrt nach Möglichkeit regelmäßig in Augenschein genommen. All die Sorgfalt konnte aber nicht verhindern, dass es während der langen, mehr als halbjährigen Überfahrt zu Schäden und Verlusten kam. Bei der „Kongen af Danmark" fehlten im Juli 1780 in Tranquebar 42 Flaschen Rotwein spurlos. Der Schiffsassistent stellte fest, dass die hölzernen Weinkisten in Kopenhagen sorgfältig vernagelt und jene während der Fahrt nicht geöffnet worden seien. Die Flaschen müssten also entweder noch im Kopenhagener Packhaus oder nach der Anlandung in Tranquebar gestohlen worden sein.[100] Ein größeres Problem als der Diebstahl

---

[96] Gøbel, Mellem København og Tranquebar, S. 38.
[97] RAK, Asiatisk Kompagni, Afdelingen i København, Instrukskopibog for kaptajner og flere mht. ind- og udladning, 27. Mai 1785.
[98] Gøbel, Mellem København og Tranquebar, S. 38.
[99] Asiatisk Kompagni, Afdelingen i København, Instrukskopibog for kaptajner og flere mht. ind- og udladning, 27. Mai 1785.
[100] RAK, Asiatisk Kompagni, Afdelingen i København, Skibsprotokol „Kongen af Danmark", 15. Juli 1780.

stellte die teils mangelhafte Qualität der Verpackungen dar. Bisweilen waren Flaschen, Fässer für Bier oder Branntwein und Pipes für den Madeira undicht bzw. allgemein von schlechter Beschaffenheit.[101] Es kam nicht selten vor, dass ein Fass während der langen Überfahrt leckschlug und bei Ankunft nicht mehr vollständig gefüllt war. In solchen Fällen wurde der fehlende Inhalt aus anderen Fässern nachgefüllt. In Fässern transportiertes Bier war darüber hinaus für Verderbnis anfällig. In Einzelfällen kippten ganze Partien während der Seereise um, was jenes schlecht, sauer („daarligt, syrlig") und ungenießbar machte.[102] Das beispielsweise in den Jahren 1779 und 1780 nach Indien ausgesandte Bier kam dort nahezu gänzlich verdorben an.[103] Und bereits im Bereich des Öresundes stellte sich bei der Ausreise der „Castellet Dansborg" im September 1790 heraus, dass ein Teil der Bierladung sauer geworden war. 23 Oxhoft mussten über Bord gekippt werden.[104] Demgegenüber erwies sich Genever nur selten als reklamationsanfällig.

Zerbrochene oder undichte Flaschen und lecke Fässer wurden in Tranquebar oder Serampore ebenso sorgfältig verzeichnet wie der rätselhafte Verlust von Weinflaschen während der Überfahrt. An Erklärungen mangelte es nicht. Nach Auskunft der Schiffsleitung der „Frederiksnagore" seien 1783 für Verluste an Wein etwa Erschütterungen des Schiffes während einer Grundberührung sowie das unsanfte Entladen der Getränke auf die indischen Boote auf Reede vor Tranquebar ebenso Schuld wie die Nachlässigkeit bei der Abfüllung daheim in Kopenhagen. Aber auch Korken kamen nicht immer unversehrt an. Mühevoll wurden die gewaltigen Stückzahlen bei Ankunft in Tranquebar oder Serampore gezählt, wobei stets ein Verlust von bis zu 5 % notiert wurde. Bei der Entladung der 1803 von Kopenhagen ausgegangenen „Danmark" in Serampore stellte sich heraus, dass ein mit Korken gefülltes Packfass unter dem Druck anderer Ladung zerplatzt war und die Korken sich im Stauraum verteilt hatten.[105]

---

[101] Ebd., 15. Juli 1780.
[102] Z.B.: RAK, Asiatisk Kompagni, Afdelingen i København, Skibsjournaler for ostindie-farere, „Juliana Maria", September 1794.
[103] RAK, Generaltoldkammer og Kommercekollegiet, Indisk kontor, Ostindisk journal, 28. November 1781.
[104] Larsen, Dansk-Ostindiske Personalier og Data, Eintrag: Castellet Dansborg.
[105] RAK, Asiatisk Kompagni, Afdelingen i København, Skibsprotokol „Danmark", 18. Mai 1804.

In aller Regel wurde der größte Teil der Kompanieimporte nach Tranquebar auf den meist innerhalb eines Monats nach Ankunft stattfindenden Auktionen abgesetzt, die rechtzeitig durch Aushänge bekanntgemacht wurden. Im Idealfall wurde die gesamte Alkoholladung auf einmal, in Einzelfällen sogar an einen einzigen Bieter, verkauft. Daneben gingen vorbestellte Partien direkt an örtliche Kaufleute, ohne dass jene verauktioniert wurden. In letzteren Fällen diente die Kompanie lediglich als Spediteur und lieferte auf fremde Rechnung.

Abhängig von der Konjunktur des intra-asiatischen Handels blieben bisweilen nach den Auktionen Restbestände übrig, die vor Ort eingelagert wurden. Größere Vorräte sammelten sich gerade in der Anfangszeit der Alkoholkonjunktur an, als in Kopenhagen nur geringe Erfahrungen bezüglich der nach Indien zu verschiffenden Sorten und Mengen existierten. So befanden sich Anfang August 1768, nach Abschluss der Auktion für die „Kronprindsen af Danmark", noch mehr als 4.000 Flaschen Rotwein sowie 596 Flaschen französischer Weißwein und in Flaschen umgefüllter Madeira im Besitz der Kompanie.[106] Selbst ein ganzes Jahr später waren von demselben Schiff immer noch 210 Flaschen Madeira auf Lager.[107]

Der Weinhandel der Asiatisk Kompagni. Indien entwickelt sich seit einigen Jahrzehnten zu einem Weinland hohen Ranges mit inzwischen mehr als 50 Kellereien. In den heutigen Bundesstaaten Mararashtra und Karnataka gedeihen die Rebsorten Sauvignon Blanc, Chenin Blanc, Riesling, Sangiovese oder Cabernet-Sauvigon, die mittels französischer Kellertechnik gute Produkte ergeben.[108] Dass es sich beim kommerziellen Keltern von Wein allerdings um eine junge Entwicklung handelt und dass Indien jahrhundertelang Importeur war, belegt ein Blick auch in die Akten der dänischen Asienkompanie.

Das bedeutet nicht, dass die Weinpflanze *Vitis vinifera* im Untersuchungszeitraum auf dem Subkontinent unbekannt war. Bereits der Hallesche Missionar Bartholomäus Ziegenbalg berichtet, dass die Missionare 1713 aus dem niederländischen Nagapattinam vom dortigen Gouverneur „als eine Rarität" immer wieder Trauben zugeschickt bekämen.[109] Und Missionar Benjamin Schultze ließ 1750 einen fiktiven Seemann aus Madras berichten,

---

[106] RAK, Asiatisk Kompagni, Afdelingen i Tranquebar, Regnskabsjournal, 1. August 1769.
[107] Ebd., 31. Juli 1770.
[108] Johnson / Robinson, Weinatlas, S. 385.
[109] HB, 3. Cont., 123.

dass dort ein „Portugiese", also vermutlich ein katholischer Inder, lebe, der Weinstöcke besäße, die Trauben jedoch zum Schutz vor „Eichhörnchen" in Ledersäcke hüllen müsse. Der Besitzer verkaufe dann jede Traube einzeln „als eine grosse Rarität".[110] Auch im bei Tranquebar gelegenen „Brüdergarten" der Herrnhuter Missionare wuchsen seit 1761 Weintrauben, die allerdings dem direkten Verzehr und nicht der Alkoholherstellung dienten.[111]

Stattdessen wurde in der zweiten Hälfte des 18. Jahrhunderts französischer und teils auch deutscher Wein massenhaft nach Indien exportiert. Umfang und Struktur des europäischen Weinhandels allgemein unterlagen in der Frühen Neuzeit den militärischen und politischen Zeitläuften, wie beispielsweise dem Methuen-Vertrag von 1703, der die portugiesische Produktion für den englischen Markt begünstigte.[112] In noch größerem Maße bestimmten aber die von Jahr zu Jahr schwankenden Witterungsbedingungen in den einzelnen Anbauregionen Qualität, Quantität, Preis und damit den Absatz. Schon im 17. Jahrhundert hatten die Niederländer eine Position als führender Weinspediteur Europas erobert und übten seitdem mit ihrer Handelsmacht Einfluss auf die Produktionsbedingungen in den Anbauregionen, insbesondere in Bordeaux, aus. So ging die Herstellung bestimmter Qualitäten oder die Wahl der Rebsorte nicht selten auf niederländischen Einfluss zurück. Es dürften auch die Niederländer mit ihrer in der Frühen Neuzeit gleichzeitig bestehenden Führungsrolle im Ostseehandel gewesen sein, die den Weingeschmack der Nordeuropäer prägten.[113]

Für die dänische Monarchie stellte seit dem ausgehenden Mittelalter die am nördlichen Ausgang des Öresunds gelegene Stadt Helsingör das wichtigste Zentrum des Weinumschlags dar.[114] Die Sundzollregister belegen, dass sich aber auch Kopenhagen spätestens im 18. Jahrhundert zu einem bedeutenden Importeur französischen, spanischen und portugiesischen Weins entwickelte.

Den größten Anteil an den Weinausfuhren der Asiatisk Kompagni über Kopenhagen hatte französischer Rotwein. Weit überwiegend handelte es

---

[110] Schultze, Die auf der Küste Coromandel in Ost-Indien befindliche grosse und berühmte Stadt der Englischen Nation Madras, S. 79.

[111] Krieger, Vom „Brüdergarten" zu den Nikobaren, S. 225.

[112] Birmingham, History of Portugal, S. 64–66.

[113] Philipps, Geschichte des Weins, S. 130. Hinweise zu den niederländischen Re-Exporten nach Nordeuropa im 17. Jahrhundert und den Forschungslücken bei einigen Weinsorten bietet: Nozawa, Reshipment of European Wines to the Dutch East Indies, S. 285 f.

[114] Hoff, Den Danske Vinhistorie, 182–187.

sich dabei um jungen Wein – um Partien der jüngsten Lese mithin, die im Spätherbst eines jeden Jahres aus Frankreich geliefert und nach kurzer Zeit in die Ostindienfahrer umgeladen wurden. Im Gegensatz zu heute war hochwertiger junger Wein aus Gründen der begrenzten Haltbarkeit teurer denn älterer. Daneben wurde zeitweise der etwas günstigere Wein der Vorsaison, der in den Quellen als „gammel Viin" firmiert und im 18. Jahrhundert im deutschen Sprachraum als Firnwein bezeichnet wurde, ebenfalls nach Tranquebar und Serampore exportiert.[115] Die gesamte Zeit hindurch bewegte sich der Einfuhrpreis für jungen Rotwein in Tranquebar etwa 15 % über dem für Firnwein.

Vor Beginn der Masseneinfuhren stellte europäischer Wein in Indien ein Luxusgut dar. Der Missionar Bartholomäus Ziegenbalg fand ihn übermäßig teuer und spricht im Jahre 1713 von 12 Groschen pro Flasche oder Kanne französischen Weins; der als minderwertiger wahrgenommene, von den Niederländern in der Kapkolonie angebaute Wein koste mit 8 Groschen ebenso viel wie dieselbe Menge europäischen Biers.[116] In einem fiktiven, 1750 publizierten Dialog zwischen zwei Matrosen nennt Missionar Schultze für Madras eine halbe Krone für eine Flasche Rheinwein wie auch für spanischen Wein.[117] Diese Preisangaben stellen indes kaum mehr als eine Impression dar und sind mit Vorsicht zu betrachten.

Insgesamt zeigt sich, dass der Transithandel mit Wein über Kopenhagen großen Schwankungen unterlag (Grafik 1). Wurden in einzelnen Jahren mehr als 100.000 Flaschen jungen Rotweins ausgeführt, brach das Geschäft in anderen Jahren wiederum förmlich zusammen. Dieses Phänomen zeigt sich besonders deutlich zwischen der Saison 1781/1782 (113.860 Flaschen) und 1782/1783 (28.644 Flaschen) während des sich abzeichnenden Endes des Amerikanischen Unabhängigkeitskrieges. Dabei erwiesen sich die Exporte in doppelter Hinsicht als krisenanfällig und lassen sich nur zum Teil auf die Entwicklungen einzelner Kriege in Europa und Übersee zurückführen. So dürfte etwa ein vorübergehender Rückgang bereits 1776–1778 aus Missernten und einem allgemeinen

---

[115] Krünitz digital, Stichwort: Firn, [https://www.kruenitz1.uni-trier.de/xxx/f/kf01353.htm, Abruf: 21. Dezember 2024]; Baden, Vollständiges Deutsch-Dänisches Wörterbuch, Bd. 1, S. 892.

[116] HB, 3. Cont., 123.

[117] Schultze, Die auf der Küste Coromandel in Ost-Indien befindliche grosse und berühmte Stadt der Englischen Nation Madras, S. 76.

Preisanstieg in Frankreich resultieren.[118] In solchen Zeiten führte ein begrenztes Angebot in Kopenhagen dazu, dass bei mehreren Abfahrten nach Ostindien je Handelssaison nur die ersten den Öresund verlassenden Schiffe Wein mit sich führten, während spätere Schiffe meist leer ausgingen.

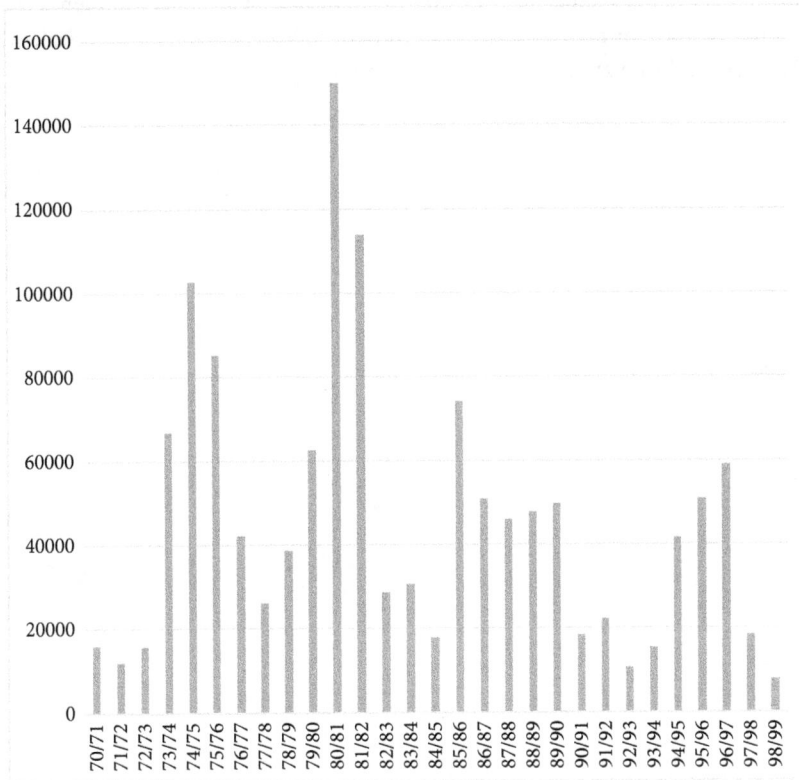

Grafik 1: Export jungen Rotweins durch die Asiatisk Kompagni nach Indien (1770–1799), Flaschen je Handelssaison.

In jenen Jahren, in denen ein entsprechendes Angebot in Kopenhagen nicht zur Verfügung stand, mit einer größeren Nachfrage in Indien gleichwohl

---

[118] Philippe, Geschichte des Weins, S. 175.

zu rechnen war, versuchte die Asienkompanie zudem, die geringen zur Verfügung stehenden Mengen an jungem Wein teils durch billigere, ältere Lagerware zu ergänzen (Grafik 2). Das trifft etwa auf die Handelssaison 1776/1777 zu, in der sich die Lieferung von jungem Rotwein nach Indien im Vergleich zur Vorsaison halbierte.[119] Dieses Defizit wurde durch den zusätzlichen Export von 16.568 Flaschen Firnwein zumindest teilweise kompensiert. Ebenso wurde eine hohe Nachfrage in Indien am Vorabend der Französischen Revolution durch zusätzliche Lieferung älterer Partien bedient.

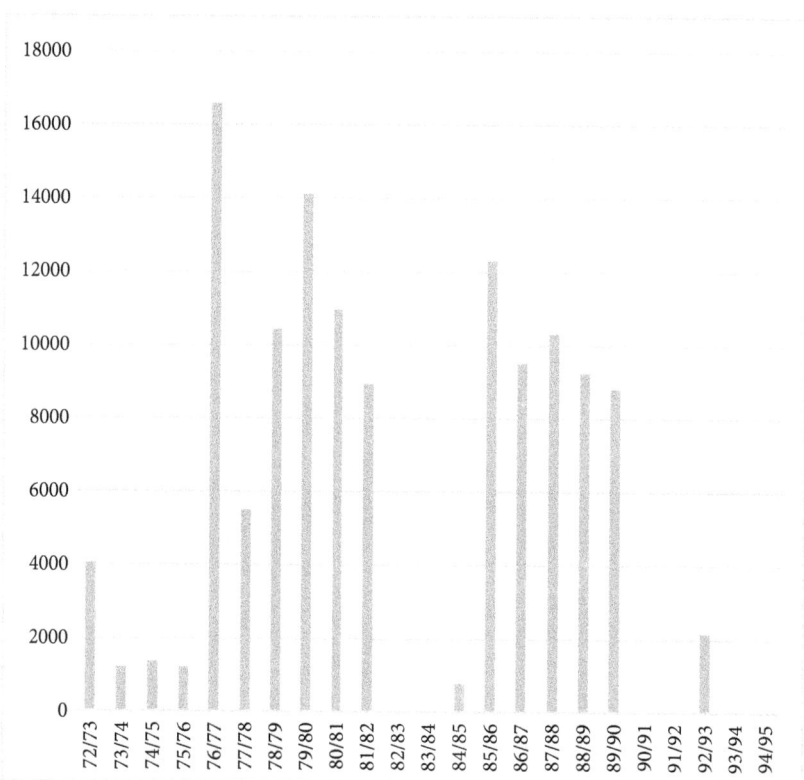

Grafik 2: Export von Firnwein durch die Asiatisk Kompagni nach Indien, (1772–1795), Flaschen je Handelssaison.

---

[119] Zur Preisentwicklung französischer Rotweine: Denzel, Preiskurant, S. 124 f.

Andererseits hatte aber auch eine schwankende Nachfrage in Indien vor allem in den 1790er Jahren Auswirkungen auf den Umfang der ausgesandten Menge. 1790 war der auf der „Disco" eingeführte Wein in Tranquebar nur unter Schwierigkeiten und in Serampore überhaupt nicht verkäuflich.[120] Im Dezember 1791 wurden von der „Castellet Dansborg" 7.700 Flaschen in Serampore entladen, um kurze Zeit später wieder als unverkäuflich an Bord gebracht und in Richtung Tranquebar gesandt zu werden. Und 1793 erwies sich der Markt in Serampore erneut als derart übersättigt, dass weder Wein noch Bier einen Abnehmer fanden („Dansk Öll kann slet ikke sælges. Dansk Röd Viin liige saa lidet").[121]

Dem stand die Tatsache gegenüber, dass in Indien angelandeter Alkohol innerhalb weniger Monate deutlich an Wert verlor. Die Kopenhagener Kompaniedirektion war entsprechend bemüht, den Tatsachen Rechnung zu tragen, indem sie nach Erhalt neuer Nachrichten aus Indien die Mengen reduzierte. So lag nach den Erfahrungen mit der „Disco" die Menge der ausgesandten Ware 1792 und 1793 entsprechend niedriger. Insgesamt erfuhr der Preis seit den 1770er Jahren eine kontinuierliche wie moderate Steigerung. Wurde der Einfuhrwert in Tranquebar 1772 für jungen Rotwein mit 26 3/4 Schilling je Flasche berechnet, so waren es 1782 28, 1792 29 und 1802 36 Schilling. Den deutlichsten Preissprung verzeichnete der Übergang von 1793 (30 Schilling) auf 1794 (34 Schilling), was mit Ernterückgängen in Frankreich zu jener Zeit erklärt werden kann.[122]

Die Kompanieakten erlauben kaum Rückschlüsse auf konkrete Anbaugebiete. Vereinzelt firmiert Rotwein unter der Bezeichnung „Bajona Viin", stammte also aus der südlich Bordeaux' gelegenen Anbauregion um Bayonne.[123] Erst in der zweiten Hälfte der 1790er Jahre wurde „Lafitte" als besonders hochpreisiger Qualitätswein in geringen Mengen nach Indien transportiert. So hatte die „Dannebrog" 1797 neben 28.190 Flaschen gewöhnlichen Rotweins auch 2.260 Flaschen Château Lafite aus Bordeaux an Bord. Im selben Jahr brach auch die „Prindsen af Augustenborg" mit 2.310 Flaschen

---

[120] RAK, Asiatisk Kompagni, Faktoriet i Tranquebar, Kopibog over indkomne breve, Pingel, 3. Juli 1790.

[121] RAK, Asiatisk Kompagni, Afdelingen i København, Skibsprotokol „Castellet Dansborg"; Feldbaek, India Trade under the Danish Flag, S. 61.

[122] Phillips, Geschichte des Weins, S. 198.

[123] Z.B.: RAK, Asiatisk Kompagni, Afdelingen i Tranquebar, Regnskabsjournal, 30. April 1783.

Lafite neben 27.590 Flaschen gewöhnlichen Rotweins aus Kopenhagen auf.[124] Jener lag mit einem Einfuhrpreis in Tranquebar von 40 Schilling je Flasche um etwa 20 % höher als der gewöhnliche Rote und stammte vielleicht aus der ersten Flaschenabfüllung überhaupt direkt auf dem Château.[125]

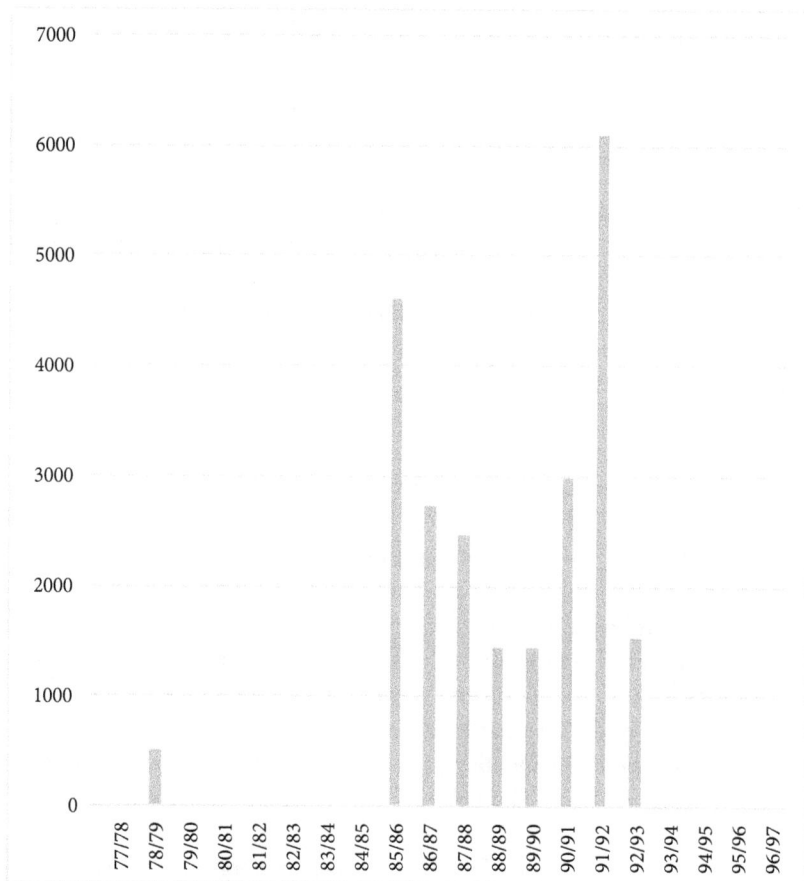

Grafik 3: Export von Rheinwein durch die Asiatisk Kompagni nach Indien (1777–1797), Flaschen je Handelssaison.

---

[124] RAK, Asiatisk Kompagni, Afdelingen i København, Skibsprotokol „Dannebrog" und „Prindsen af Augustenborg".
[125] Johnson, Der große Johnson, S. 54.

Weißwein wurde demgegenüber in geringerer, aber keineswegs zu vernachlässigender Menge eingeführt. Während der anfänglichen Experimentierphase erwarb die Kompanie noch vergleichsweise große Flaschenzahlen, das erste Mal nachweislich 1760 in Höhe von 10.000 Stück.[126] Bis zum Beginn der 1770er Jahre wurde französischer Weißwein dann aber nur noch in geringeren Mengen zwischen jeweils 4.050 und 6.750 Flaschen jährlich exportiert, um anschließend seine Bedeutung völlig einzubüßen.[127] 1778/1779 sowie zwischen 1785 und 1793 verzeichnen die Rechnungsjournale wiederum den begrenzten Umschlag von Rheinwein, der in keinem Fall an die Größenordnung der Rotweinexporte heranreichte (vgl. Grafik 3).[128]

Die Asiatisk Kompagni orderte ihre Weine nicht direkt in den Produktionsregionen, sondern nutzte die Vermittlung eines kleinen Kreises Kopenhagener Importeure. Diese waren innerhalb der örtlichen Machtelite bestens vernetzt und betrieben seit Freigabe des Indienhandels neben ihrem Engagement für die Handelsgesellschaft auch auf eigene Rechnung Warenumschlag mit Südasien. Lange Zeit wurde das Geschäft von dem aus Bremen stammenden Henrik Bolten dominiert. Dieser war bereits in jungen Jahren in die dänische Hauptstadt gezogen und hatte nach seiner Ausbildung Anstellung als Geselle bei einem Weinhändler gefunden. 1763 erwarb er mit dem Kopenhagener Bürgerrecht die Genehmigung, ein eigenes Weinhandelsunternehmen zu gründen. Dem begabten und gut vernetzten Geschäftsmann gelang es, innerhalb weniger Jahre ein Vermögen aufzubauen und ein repräsentatives Haus in der Stadt sowie Besitz auf dem Land zu erwerben. Bolten gewann das Vertrauen der Asienkompanie und profitierte vor allem in der Zeit des Amerikanischen Unabhängigkeitskrieges vom Transithandel. Dabei konnte er auf eine eigene Lager- und Transportinfrastruktur zurückgreifen, die es ihm ermöglichte, große Mengen an Wein per Prahm direkt an die Bordkante der Ostindienfahrer zu liefern.[129] Darüber hinaus sandte Bolten ähnlich wie die Kopenhagener Unternehmen P.J. Dahl und

---

[126] RAK, Asiatisk Kompagni, Afdelingen i København, Hovedbog, 1760/61, fol. 45.
[127] Ausfuhr französischen Weins nach Tranquebar: 1770/1771 – 5.570 Flaschen; 1771/1772 – 6.750 Flaschen; 1772/1773 – 4.050 Flaschen.
[128] Z.B.: RAK, Asiatisk Kompagni, Faktoriet i Tranquebar, Kopibog over indkomne breve, Stephens & Cockell, 18. Dezember 1795.
[129] Z.B.: 82 Kisten Rotwein am 1. Oktober 1782 an Bord der „Mars", s. RAK, Asiatisk Kompagni, Afdelingen i København, Skibsjournal „Mars".

Blacks Enke & Co. eigene, überwiegend in England gebaute Schiffe nach Indien, in denen er anhand der Quellen nicht quantifizierbaren Wein nach Tranquebar ausführte.[130]

Boltens Karriere erfuhr 1783 mit der Verleihung des Barontitels die Krönung. Zu jener Zeit hatte sein beruflicher Werdegang aber bereits den Zenit überschritten. Mit dem Ende des Amerikanischen Unabhängigkeitskrieges und dem Ausklang der damit einhergehenden ersten Phase der Hochkonjunktur in der neutralen dänischen Monarchie geriet Bolten in Zahlungsschwierigkeiten, die er noch eine Zeitlang mit Hilfe staatlicher Darlehen verbergen konnte. 1785 musste er, nicht zuletzt auf Grund kostspieligen Grunderwerbs und eines aufwendigen Lebensstils, Konkurs anmelden.[131]

Nach Boltens Ausscheiden teilten sich andere, ebenfalls bestens vernetzte Weinhändler die Vorrangstellung im Transithandel mit Ostindien. Dazu zählten der isländischstämmige Unternehmer C. Waage, vor allem aber der in Bayern gebürtige Johann Ludwig Zinn. Dieser hatte zunächst in der Firma Fabritius & Wever gearbeitet, die selbst zu einem führenden Akteur im dänischen Privathandel mit Indien aufstieg.[132] Später gründete Zinn sein eigenes Handelshaus und übernahm öffentliche Ämter wie beim königlichen Seeamt und in der *Grosserersocietet*, dem Vorgänger der Kopenhagener Handelskammer.[133] Neben dem Verkauf von Wein an die Asiatisk Kompagni vermittelte Zinn Ware auch an Privatkaufleute, wie an den englischen Kapitän John Christmas-Christmas, der von Kopenhagen aus private Handelsschiffe nach Indien sandte.[134]

Der große Erfolg des Weinhandels mit Indien war allein durch eine technische Innovation möglich: durch die verkorkte Glasflasche. Zwar stellte das Fass die ganze Frühe Neuzeit hindurch das gebräuchlichste Lager- und Transportgefäß innerhalb Europas dar, und der schon seit dem 15. Jahrhundert bekannte Zusatz von Schwefel führte zu einer Verlängerung der sonst eher begrenzten Haltbarkeit sowie sorgte überhaupt erst dafür, dass der spezifische

[130] Feldbæk, India Trade under the Danish Flag, S. 40, 64.
[131] Werner, Henrik Bolten; Hoff, Den Danske Vinhistorie, S. 202.
[132] Feldbæk, India Trade under the Danish Flag, S. 99, 118, 122, 127.
[133] Vestberg, Johann Ludvig Zinn.
[134] Thalbitzer, Grandmamas Bekiendelser, S. 33–36. Über den Verkauf von Wein an die Asiatisk Kompagni durch Waage und Zinn: RAK, Asiatisk Kompagni, Afdelingen i København, Direktionens resolutionsprotokol 1784–1786, z.B.: pag. 35.

Geschmack einzelner Rebsorten klar hervortrat.[135] Doch zum Transport über viele Monate lang auf einem Schiff durch subtropische und tropische Breiten war das Fass denkbar ungeeignet. Trotz bester handwerklicher Ausführung war es nie vollständig luftdicht, und der Kontakt mit dem in der Außenluft vorhandenen Sauerstoff führte nicht selten zum Verderben.

Die bereits in der Antike bekannte Glasflasche wurde in Europa erst allmählich seit dem 17. Jahrhundert als luftdichtes Transport- und Lagerbehältnis für Wein genutzt. Neue, in England im Zuge des wachsenden Kohleabbaus praktizierte Feuertechniken ermöglichten später die preiswerte Herstellung von dickwandigen, robusten Flaschen in großer Zahl, wobei das nordenglische Newcastle hier eine Führungsrolle gewann. Die Flaschen wurden anfangs in unterschiedlicher, jeweils zeittypischer Gestalt auf den Markt gebracht, ehe sich in der zweiten Hälfte des 18. Jahrhunderts die heute noch gebräuchliche Zylinderform durchsetzte.[136]

Auch der bereits seit dem Altertum bekannte Korken wurde nach Jahrhunderten der Bedeutungslosigkeit, in denen Substitute aus Glas oder anderen Materialien Verwendung gefunden hatten, im 17. Jahrhundert als Verschlussmittel wiederentdeckt. Jener gewährleistete, in liegenden Flaschen vom Wein befeuchtet, einen zuverlässigen Luftabschluss. Fest verkorkt, erhöhte sich die Haltbarkeit des Getränks signifikant, was überhaupt erst den Wein über interkontinentale Distanzen transportfähig machte. Für die Lagerung und den Transport innerhalb Europas setzte sich die Flasche demgegenüber erst spät und anfangs nur für hochwertige Sorten durch.[137]

Die Größe der Flaschen war bis in die 1820er Jahre nicht genormt, doch entsprach ihr Volumen ungefähr dem heute für Weinflaschen gebräuchlichen Inhalt von etwa 0,7 l.[138] Auch wenn der Inhalt mithin Schwankungen unterlag, generierten die massenhafte Ausfuhr verkorkter Weinflaschen und die damit verbundene Qualität bei den Konsumentinnen und Konsumenten in Indien ein großes Maß an Vertrauen. Noch heute lassen sich am Strand von Tranquebar Fragmente der dickwandigen, dunklen, braun-grünen oder beinahe schwarzen Flaschen finden.

---

[135] Johnson, Story of Wine, S. 126.
[136] Ebd., S. 302–304.
[137] Phillips, Geschichte des Weins, S. 136 f.
[138] Ebd., S. 137.

Flaschen und Korken wurden von den Kopenhagener Handelshäusern importiert, die auch das Umfüllen von den aus Frankreich oder Deutschland kommenden Fässern übernahmen. So lieferten etwa die Unternehmen Andersen & Holck sowie Zornlin & Co. Flaschen, letzteres 1780 in einer einzigen Lieferung beachtliche 72.000 Stück („Engl. Bouteiller"), produziert von Mathew Walter in Newcastle.[139] Anschließend wurden die befüllten Flaschen in standardisierte, individuell markierte Holzkisten zu anfangs je 120, seit den 1770er Jahren in aller Regel zu 154 Stück verpackt. Nur in sehr wenigen Fällen transportierte die Asiatisk Kompagnie Wein in Fässern nach Asien, wie aus nicht mehr zu identifizierenden Gründen im Jahre 1805 nach Batavia. Dieser Transport stellte sich als entsprechend verlustträchtig heraus, indem von 14 Oxhoft insgesamt 6 verdorben ankamen. Von den gleichzeitig gelieferten 30 Kisten mit 4.620 Glasflaschen waren demgegenüber fast alle unversehrt, wohlschmeckend und bekömmlich.[140]

Die massenhafte Einfuhr leerer Glasflaschen aus England setzte die Asiatisk Kompagni und deren Lieferanten in Widerspruch zur merkantilistischen Handelspolitik der dänisch-norwegischen Monarchie. 1780 beschwerte sich das für die Durchsetzung jener Politik verantwortliche Kommerzkollegium bei der Handelsgesellschaft. Konkret wollte es die Lieferung besagter 72.000 Flaschen aus Newcastle verhindern, indem es anfragen ließ, ob norwegische Produkte nicht mindestens ebenso hochwertig wie die englischen seien. Die Handelsgesellschaft war auf die Kritik vorbereitet und antwortete mit einer vorgefertigten Stellungnahme, die die Vorteile der englischen Ware herausstellte.[141] Das Kommerzkollegium seinerseits ließ die Sache nicht auf sich beruhen, sondern teilte im April 1782 mit, dass die norwegischen Glaswerke soeben eine neue Produktionsstätte eröffnet hätten und nunmehr in der Lage seien, Flaschen in der vom Ostindienhandel gewünschten Quantität und Qualität zu liefern.[142] Auch wenn die tatsächliche Versendung norwegischer Flaschen nicht ausgeschlossen werden kann, tauchen sie aber auch in der Folgezeit nicht als solche in den Quellen auf.

---

[139] RAK, Asiatisk Kompagni, Afdelingen i København, Kassebog, 20. Juni 1772.
[140] RAK, Asiatisk Kompagni, Afdelingen i København, Skibsprotokol „Prindsen af Augustenborg".
[141] Ebd., Direktionens resolutionsprotokol, 1778–1781, Resolution 5035.
[142] Z.B.: RAK, Generaltoldkammer og Kommercekollegiet, Indisk kontor, Ostindisk journal, 3. April 1782.

Die Kompaniekaufleute in Tranquebar und Serampore waren beim Wein ebenso wie bei den anderen alkoholischen Getränken gehalten, den Kundinnen und Kunden ein Höchstmaß an Qualität zu liefern.[143] Jede Partie wurde sofort nach Ankunft und Entladung umfassend in Augenschein genommen, und Mängel wurden notiert, wobei die ermittelte Schadensquote in aller Regel bei deutlich unter 5 % lag. Umfangreichere Schäden wurden an das Kompaniedirektorium in Kopenhagen zurückgemeldet, das seinerseits bestrebt war, sich bei den Lieferanten für vermeintlich schlechte Korken und Flaschen schadlos zu halten. Letztlich war aber kaum mehr zu klären, wer der Urheber der Mängel war, so dass Reklamationen meist keine weiteren Konsequenzen zeitigten.[144]

Die Verkostung vor Ort brachte nur selten Kritik über gelegentlich „säuerlichen" oder gar „sauren" Wein und Beanstandungen hinsichtlich der Farbe hervor. Am 18. Mai 1804 wurde andererseits über eine in Serampore eingetroffene Partie während einer Weinprobe höchstes Lob geäußert, wie es in deutscher Übersetzung heißt: „Dieser Wein fand die höchste Anerkennung der Versammelten, soweit es deren Kenntnis über die Qualität von Wein zuließ. Jener erfuhr bei der Auktion das Lob, dass er der beste dänische Wein sei, der seit Jahren Bengalen erreicht habe."[145] Diese Äußerung stellt einen beredten Beleg für die Annahme dar, dass sich im Laufe der Zeit in den dänischen Handelsplätzen in Indien ein großes Maß an Weinkennerschaft entwickelt hatte.

Madeira. Wein von der Insel Madeira spielte für den dänischen Indienhandel nur zeitweise, dann aber eine nicht unbeträchtliche Rolle. Demgegenüber besaßen Produkte von den Kanaren, aus Südafrika und Port keine Bedeutung. Im Zeichen der europäischen kolonialen Expansion hatte der Madeira, produziert ursprünglich als Ersatz für den niedergehenden Zuckeranbau, auf Grund der geographischen Lage der Insel einen unvergleichlichen Aufschwung

---

[143] RAK, Asiatisk Kompagni, Afdelingen i Tranquebar, Regnskabsjournal, 30. April 1783.
[144] Z.B.: Kommunikation mit Bolten: RAK, Asiatisk Kompagni, Afdelingen i København, Direktionens resolutionsprotokol, 1778–1781, Resolution 5075.
[145] RAK, Asiatisk Kompagni, Afdelingen i København, Skibsprotokol „Danmark", 18. Mai 1804. „Denne Viin fandt de Commiteredes Bifald, saavidt deres Kundskaber strækker sig om Röd=Viins gode Egenskaber, og især nöd den ved Auctionen af Kiöberne den Berömmelse, at det war den beste Danske Röd Viin, som har været bragt til Bengalen paa mange Aar."

erlebt.[146] Dabei nahmen die europäischen Interkontinentalschiffe während ihrer Zwischenstopps auf der Reede vor Funchal zunächst große Mengen an einfachen, nicht lagerfähigen Weinen auf. Massiv gefördert wurde der Absatz ebenso wie derjenige festländischer portugiesischer Weine schließlich durch den britischen Boykott französischer Weine zu Beginn des Spanischen Erbfolgekriegs infolge des Methuen-Vertrags. Hinzu kam 1739 ein britisches Importverbot für spanischen Wein, was der Ware aus Portugal endgültig eine dominierende Position auf dem britischen Markt verschaffte und bis zur Mitte des 18. Jahrhunderts für eine beträchtliche Expansion der Anbauflächen in Portugal insgesamt sorgte.[147]

Madeira wurde überwiegend aus weißen Trauben gewonnen; rote Trauben fanden allenfalls als Zusatz Verwendung, um die Farbintensität des Getränks zu erhöhen. Im Gegensatz zu anderen Anbauregionen ließen die Weinbauern der Insel dabei die Trauben noch an der Pflanze trocknen, wobei sich gerade im milderen Südteil eine hohe Süßekonzentration bilden konnte, die sich in einen hohen Alkoholgehalt umwandeln ließ. Der Malvasier (Malmsey) stellte die süßeste und teuerste, im Süden Madeiras angebaute Rebsorte dar, wurde aber nur in geringen Mengen produziert. In bis zu hundertfachem Volumen kam in der zweiten Hälfte des 18. Jahrhunderts hingegen eine trockene, auch im Norden produzierte Variante auf den Markt, die als *vinho seco* oder im englischen Sprachgebrauch als *Dry Madeira* firmierte.

Seit der Mitte des 18. Jahrhunderts wurde dem Wein von der Insel zunehmend Weinbrand beigefügt, um ihn für lange Seereisen haltbarer zu machen.[148] Vielmehr noch, stellte sich im Laufe der Zeit heraus, dass eine lange Überfahrt in wärmere Weltgegenden die Qualität des aufgespriteten Madeira noch steigerte. Monatelang in speziellen Fässern, den Pipes, auf dem Meer gereift, büßte er seine charakteristische Säure ein und wurde milder.[149] Auf diese Weise entwickelte sich jenes Getränk von einem billigen Massenprodukt zu einem hochwertigen Genussmittel, das durchaus seinen Preis hatte.[150]

Vor allem genoss der Madeira in den britischen Neuenglandkolonien Beliebtheit, zumal die Insel praktisch auf dem Weg nach Amerika lag.

---

[146] Birmingham, History of Portugal, S. 60 f.
[147] Disney, History of Portugal, Bd. 1, S. 286.
[148] Phillips, Alcohol, S. 155.
[149] Neues Hannoversches Magazin, 52. Stück, 29. Juni 1810, S. 831 f.
[150] Phillips, Alcohol, S. 155 f.

Mit dem Ausbruch des Amerikanischen Unabhängigkeitskrieges verlagerten sich die Handelsströme aber signifikant, denn der Konflikt führte zum Zusammenbruch der Exporte in die Neue Welt. Die mit den Briten konkurrierenden Seefahrtsnationen, darunter auch die Dänen, drangen in das Handelsvakuum ein und versuchten, neue Absatzmärkte in anderen Weltregionen zu erschließen. 1783 sollen dänische Schiffer allein innerhalb eines Monats 1.000 Pipes Madeira erworben haben.[151] Gleichzeitig versuchten aber auch die Londoner Kaufleute, sich als Kompensation für den wegbrechenden nordamerikanischen Markt mit einer verstärkten Hinwendung nach Indien neue Konsumenten zu erschließen. Mithin nahmen britische Madeira-Exporte in Richtung Südasien deutlich zu: 1786–1790 führte allein die East India Company jährlich etwa 600 Pipes nach Indien aus, 1803–1808 jährlich 670.[152]

Nur wenige Schiffe der dänischen Asiatisk Kompagni luden bis Mitte der 1770er Jahre Madeira direkt auf der Insel; während der 1780er Jahre wurde das Getränk hingegen ausschließlich bereits in Kopenhagen aufgenommen. Noch bevor die Handelsgesellschaft allerdings mit dem Erwerb von Madeira begann, diente die gleichnamige Insel ebenso wie der Hafen von Porto Praya auf den Kapverden als Zwischenstation während der Hinreise zur Aufnahme von Proviant. Während etwa die „Dronning Sophia Magdalena" und die „København" 1756 sowie die „Grev Moltke" 1757 die Kapverden ansteuerten, erreichte mit derselben „Dronning Sophia Magdalena" im Februar 1758 erstmals ein dänischer Ostindienfahrer Madeira, um dort Nahrungsmittel, insbesondere Zitrusfrüchte, Trinkwasser, aber noch keinen Wein aufzunehmen.[153]

Den ersten Versuch, Madeira-Wein in größerem Umfang in Indien abzusetzen, unternahm die „Kongen af Danmark". Jene Fahrt steht mit dem bereits betrachteten dänischen Versuch in Verbindung, Alkohol in größerer Menge in Surat zu verkaufen. So ließ sich das Schiff nach Vorbild der britischen Ostindienfahrer auf der Hinreise am 8. Mai 1758 während eines kurzen Zwischenaufenthalts auf der Reede von Funchal 50 Pipes an Bord liefern.[154]

---

[151] Hancock, An Undiscovered Ocean, S. 165.

[152] Ebd., S. 158 f.

[153] RAK, Asiatisk Kompagni, Afdelingen i København, Skibsprotokol „København", 2. Januar 1756; ebd., Skibsjournal „Grev Moltke", 14. Februar 1757; ebd., Skibsjournal „Dronning Sophia Magdalena", Februar 1758.

[154] RAK, Asiatisk Kompagni, Afdelingen i København, Skibsprotokol „Kongen af Danmark", 8. Mai 1758.

Das blieb aber auf Grund der genannten Absatzschwierigkeiten in Surat ein Einzelfall und bewährte sich nicht.

Nach dem nur schleppenden Verkauf in Surat unternahm die Asiatisk Kompagni erst zehn Jahre später einen erneuten Versuch, wobei mit der „Kronprindsen af Danmark" eine bedeutende Menge Madeira nunmehr direkt nach Tranquebar gelangte. Jenes Schiff erreichte am 19. Januar 1768 zunächst Funchal, wo bereits zwanzig andere europäische Fahrzeuge, darunter fünf dänische, vor Anker lagen, wie aufmerksam im Schiffsjournal notiert wurde. Zwischen 23. und 29. Januar wurden insgesamt 250 Pipes, also etwa 115.000 l *London Dry Madeira* an Bord gebracht. Einen Tag darauf befand sich die „Cron Prindsen af Danmark" wieder auf hoher See in Richtung Indien.[155] Eine solch große Menge konnte nicht innerhalb weniger Tage ohne vorherige Bestellung organisiert werden. In der Tat hatte die Asiatisk Kompagni bereits am 19. März des vorangegangenen Jahres 5.500 Pfund Sterling für den Kauf der Partie an zwei nicht genannte, vermutlich Londoner Agenten angewiesen.[156]

Die Ladung der „Kronprindsen af Danmark" wurde in Tranquebar gelöscht, wobei das Packhaus der Kompanie in diesem Falle lediglich 30 Pipes erhielt; jeweils 100 Pipes gingen an die Kaufleute Daniel de Castro und George Smith – vermutlich die Hauptauftraggeber –, 9 an einen gewissen Kapitän Lasbohm, während der Rest dem Auffüllen lecker Fässer diente.[157] Die Verschiffung von Madeira in solch großem Umfang stellte einen Einzelfall dar, wobei die Kompanie zum großen Teil als Spediteur für private Handelshäuser fungierte. Es folgten einige wenige, kleinere Lieferungen, ehe der dänische Madeirahandel für einige Jahre zum Stillstand kam.

Mit dem Ausbruch des Amerikanischen Unabhängigkeitskrieges wurde das Geschäft erneut in Angriff genommen, ohne dass die dänischen Ostindienfahrer jene Insel wieder direkt anliefen. Stattdessen sorgte die Kriegskonjunktur nun für ausreichende Vorräte in der Hauptstadt der neutralen dänisch-norwegischen Monarchie. So bot der Kaufmann N. Brook der Kompanie 1780 noch bescheidene 3 Pipes *Dry Madeira* an, der während einer Verkostung den Gefallen der Direktion fand und entsprechend geordert

---

[155] RAK, Asiatisk Kompagni, Afdelingen i København, Skibsjournal „Kron Prindsen af Danmark", 19.–30. Januar 1768.
[156] RAK, Asiatisk Kompagni, Afdelingen i København. Hovedbog, 31. März 1767.
[157] Ebd., Hovedbog for „Cron-Princen", 11.–20. Juli 1768.

wurde.[158] Vor allem das Unternehmerkonsortium de Coninck & Rejersen erlangte bald in dem Geschäft eine zentrale Bedeutung, indem es deutlich größere Mengen liefern konnte. 1781 offerierte es insgesamt 400, zum Zeitpunkt des schriftlichen Angebots noch auf der Überfahrt nach Dänemark befindliche Pipes besten *London Dry Madeira*, der zu einem Preis von 35 Pfund Sterling je Pipe einschließlich Fracht und Versicherung geordert wurde, von dem aber offensichtlich nur ein Teil nach Indien ging.[159]

Der meiste Madeira wurde in Tranquebar entladen. Lediglich in Einzelfällen gingen Partien, wie 1781/1782 58 Pipes weiter nach Serampore. In der ersten Hälfte der 1780er Jahre muss Tranquebar als Umschlagplatz auf diese Weise eine derart große Attraktivität gewonnen haben, dass bald auch andere Handelsnationen versuchten, dort Madeira abzusetzen. Am 17. Januar 1783 wurden etwa gewaltige 450 Pipes von einem portugiesischen Schiff unbekannter Herkunft in der neutralen dänischen Kolonie verzollt.[160]

Tabelle 3: Transport von Madeira auf dänischen Kompanieschiffen nach Indien (1758–1785)

Name des Schiffes	Abfahrt Kopenhagen	Beladung in Kopenhagen (Pipes)	Beladung auf Madeira (Pipes)
Kongen af Danmark	1758	–	50
Kronprindsen af Danmark	1767	–	250
Rigernes Ønske	1770	20	–
Ganges	1774	–	160
Kronprindsen af Danmark	1780	3	–
Mars	1781	100	–
Tranquebar	1781	40	–
Frederiksnagore	1781	80	–
Ganges	1782	25	–
Castellet Dansborg	1783	20	–
Princesse Louisa Augusta	1784	47	–
Disco	1785	16	–
Castellet Dansborg	1785	5	–

[158] Ebd., Direktionens resolutionsprotokol, 1780, Resolution 5092.
[159] Ebd., Direktionens resolutionsprotokol, 9. Mai 1781, Resolution 5316; RAK, Asiatisk Kompagni, Afdelingen i København, Europæiske breves kopibog, Asiatisk Kompagni an De Coninck & Rejersen, 16. Mai 1781.
[160] RAK, Det Kongelige Ostindiske Guvernement, Afdelingen i Tranquebar, Søtoldbog, 17. Januar 1783.

Die für den Madeira verwendeten Pipes erwiesen sich trotz der allgemein hohen Reputation des Getränks in Übersee im Vergleich mit den
Weinflaschen als leckanfälliger. Der die Reise deutlich verlängernde Umweg
über Kopenhagen dürfte deren Zustand in den 1780er Jahren zusätzlich
beeinträchtigt haben. Von den 40 Pipes, die Indien mit der 1781 ausgehenden „Tranquebar" erreichten, mussten 6 komplett zum Auffüllen der
übrigen Behälter verwendet werden. 28 weitere Pipes wurden entgegen aller
dem Madeira entgegengebrachter Erwartung als von schlechter Qualität
bezeichnet; 4 waren darüber hinaus leicht und 2 ganz sauer, so dass sich der
Verkaufserfolg in Tranquebar in Grenzen gehalten haben dürfte.[161] Im gleichen Jahr mussten 10 der insgesamt 80 mit der „Frederiksnagore" mitgesandte
Pipes abgeschrieben werden.[162] Die Verluste an Madeira betrugen auch bei
der „Princesse Louise Augusta" 1785 immerhin ein Viertel. Bei ihr waren
einzelne Pipes lediglich zu einem Viertel, einem Sechstel oder gar einem
Achtel gefüllt. Aus 15 Fässern wurden schließlich 11 gemacht.[163] Offenbar
war der Ruf des als lange haltbar geltenden Madeira in Dänisch-Ostindien
besser als die Realität.

Bis auf einige wenige Interkontinentalfahrten der Asiatisk Kompagni
erwiesen sich die Exporte von Madeira nach Indien im Vergleich mit
Wein als überschaubar, was nicht allein am Ende des Amerikanischen
Unabhängigkeitskrieges, sondern auch an den unüblich hohen Reklamationen
gelegen haben dürfte. Nur in der Zeit der Hochkonjunktur während des
Amerikanischen Unabhängigkeitskrieges selbst lohnte sich das Geschäft. So
endete die Madeira-Konjunktur in Dänisch-Ostindien mit dem Frieden von
Versailles ebenso unvermittelt, wie sie auch begonnen hatte.

Der private Interkontinentalhandel. Neben der Asiatisk Kompagni war es seit
1772 auch Privatunternehmern gestattet, von Kopenhagen aus Schiffe nach
Indien zu senden. Dieses Recht wurde bereits von den Zeitgenossen als
besondere Chance für die wirtschaftliche Entwicklung des Landes betrachtet,

---

[161] RAK, Asiatisk Kompagni, Afdelingen i København, Skibsprotokol „Tranquebar",
13. August 1782.
[162] RAK, Asiatisk Kompagni, Afdelingen i Tranquebar, Regnskabsjournal, 1. September
1782 und 15. März 1783.
[163] RAK, Asiatisk Kompagni, Afdelingen i København, Skibsprotokol „Louisa Augusta",
2. Juli und 4. Juli 1785.

wie eine anonyme, deutschsprachige Handschrift über den dänischen Asienhandel 1787 verlautete. So sei der Ostindienhandel „für Dänemark besonders von der grösten Wichtigkeit, da von allen Nationen, die nach Indien handeln, die dänische die einzige ist, welche einen freien Handel dahin treiben kann." Diese Tatsache lege eine förmliche Arbeitsteilung zwischen privilegierten Handelsgesellschaften und Privatkaufmann nahe, denn „diese große[n] Handelskompagnien sind indeßen für den ganzen Umfang von Ostindien viel zu klein. Es sind daher noch viele Handels Zweige übrig, die gar nicht benutzt werden, und die nur von einer Nation, welche den Handel frei hat, benutzt werden können."[164] Dass eine derartige Arbeitsteilung auch in die Praxis umgesetzt wurde, lässt sich am Beispiel des Alkoholhandels in der Tat feststellen.

Während eine archivalische Überlieferung der privaten Handelshäuser nicht existiert, liefern die sogenannten *Ostindiske journaler* der Ostindienabteilung des Kopenhagener Kommerzkollegiums zumindest rudimentäre Informationen. Jene bündeln eine Vielfalt an Mitteilungen, von Warenbestellungen des Gouvernements in Tranquebar über Berichte aus den kleineren Faktoreien am Indischen Ozean bis hin zu privaten Angelegenheiten dänischer Untertanen. Aber allein für die Jahre 1778–1781 lassen sich mit ihnen zudem komplette private Schiffsladungen rekonstruieren, die einen Vergleich mit dem Warenumschlag der Asiatisk Kompagni ermöglichen.[165]

Für den privaten Ostindienfahrer „Heinrich Carl" ist für das Jahr 1783 zudem eine fiktive Idealzusammensetzung an alkoholischen Getränken für ein Schiff von 200 Kommerzlasten überliefert:

51.400 Flaschen extra guten Rotwein
3.000 Flaschen alten Graves
2.400 Flaschen Rheinwein
600 Flaschen Moselwein
1.000 Flaschen Champagner

---

[164] N.N., Ueber den Handel nach Ostindien, in: RAK, Kommercekollegiet, Ostindiske Sekretariat, Betænkninger og beregninger vedrørende handelen og skibsfarten på Ostindien.

[165] 1 von insgesamt 2 privaten Expeditionen 1778 ist überliefert. 1779 gingen 2 private Expeditionen nach Indien, deren Ladungen komplett dokumentiert sind; 1780 trifft das auf eine von vier Ladungen, 1781 auf vier von neun Ladungen zu. Vgl. Feldbæk, India Trade under the Danish Flag, S. 249.

60 Flaschen Kirschbranntwein
8 Fass französischen Branntwein
60 Fass Londoner Porter
20 Fass braunes holländisches Bier
10 Fass weißes holländisches Bier
30 Tonnen dänisches Bier zu je 8 Rt.
20 Tonnen dänisches Bier zu je 4 Rt.
600 Keller Genever
50 Keller Danziger Likör
1.152 Weingläser
576 Champagnergläser
432 Biergläser[166]

Diese Liste, auch wenn sie lediglich eine Momentaufnahme darstellt, offenbart eine beträchtliche Kenntnis einzelner Alkoholsorten, die sich in den anderen Quellen nur bedingt widerspiegelt. Hier ging die Ware oft recht pauschal als „Rotwein", „Weißwein" oder „Bier" durch die Bücher. Allein beim Madeira, Londoner Porter und in seltenen Fällen beim Wein wurde nach einzelnen Qualitäten differenziert.

Die um 1780 abgesandten privaten Schiffe gehörten entweder einzelnen Großhändlern wie Frederik de Coninck (u.a. die „Haabet"), Konsortien wie Bolten & Dahl („Prins Carl") oder de Coninck & Rejersen („Roepstorff" und „Grev Bernstorff"). Teils hielten auch andere Kaufleute oder Angehörige des dänischen Königshauses Anteile an einzelnen Schiffen.[167] Die Hochkonjunktur in der Zeit des Amerikanischen Unabhängigkeitskrieges führte dabei dazu, dass zusätzliche Fahrzeuge im Ausland aufgekauft und in Kopenhagen umgetauft werden mussten; so wurde etwa 1779 aus der „Prinz von Preußen" die „Grev Ernst Schimmelmann".[168]

Neben dem auch für die Asiatisk Kompagni üblichen Spektrum an Massengütern wie Eisen, Stahl, Teer und teils auch Holz spezialisierte sich der private Indienhandel, wie bereits von Feldbæk beobachtet, noch stärker auf europäische Konsum- und Alltagsgüter, wie auf niederländischen und

---

[166] RAK, Det Vestindiske Handelsselskab, Breve og regnskaber m.v. ang. „Heinrich Carl", 452/407–408: Overslag til en paa nærværende tid passende, velassorteret udbringende Cargaison for Ostindien, for et Skib paa ungefær 200 Commerce Lasters Dragtighed.

[167] Feldbæk, India Trade under the Danish Flag, S. 62.

[168] RAK, Generaltoldkammer og Kommercekollegiet, Indisk kontor, Ostindisk journal, 1. November 1779.

englischen (zweifellos auch dänischen) Käse, aber auch auf Fleisch, Senf, Brot, Konfekt, Bücher, Möbel, Geschirr und Bestecke.[169] Alle Schiffe, deren Ladung für die Jahre 1778–1781 überliefert ist, führten zudem in nennenswertem Umfang Alkohol mit sich.

Tabelle 4: Alkoholladungen ausgewählter privater dänischer Indienfahrten (1778–1781)

Schiff	Jahr	Wein (Flaschen)	Genever (Keller)	Porter (Fass)	Fr. Branntwein	Liköre	Leere Flaschen
Grev Bernstorff	1778	30.646	1.000	147	–	–	–
Haabet	1779	1.540	400	–	–	–	–
København	1779	360 (Oxhoft)	500	–	–	–	–
Grev Ernst Schimmelmann	1779	?	500	–	–	–	–
Johanna & Maria	1780	50.000	200	40	40 Oxh.	–	–
Prins Carl	1781	–	1.600	200	–	–	80.000
Roepstorff	1781	25.000	500	180	30.000 Pott	–	20 Kisten
Grev Bernstorff	1781	50.000	250	60	–	–	–
Asia	1781	1.400	–	–	–	500 Fl.	–

Hinzu kommen für 1781 die beiden lediglich gemeinsam genannten Ladungen der „Laurvig" und der „Sophia Dorothea", die zusammen mindestens 2.000 Keller Genever sowie 2.500 Fass Porter transportierten.

Für 1779 fällt die enorm große Menge an Wein von 360 Oxhoft auf, die mit der „København" nach Indien gingen und die etwa 100.000 Flaschen entsprochen haben dürften. Dem steht eine deutlich geringere Gesamtausfuhr der Asiatisk Kompagni in demselben Jahr gegenüber. Auf diese Weise scheint der private Handel für einen gewissen Exportdruck auf die Kompanie gesorgt zu haben, die im darauffolgenden Jahr ihre eigenen Ausfuhren deutlich erhöhte. Bis auf eine Ausnahme zählte ebenfalls Genever zu dem gängigen Sortiment, wobei die privaten Schiffe deutlich umfangreichere Exporte als die Kompaniefahrzeuge zeitigten. So wurden um 1780 auf den Schiffen der Kompanie im Durchschnitt 90 Keller transportiert, auf privaten Fahrzeugen

---

[169] Feldbæk, India Trade under the Danish Flag, S. 40; RAK, Generaltoldkammer og Kommercekollegiet, Indisk kontor, Ostindisk journal, 9. Juni 1778.

demgegenüber mit 630 Kellern siebenmal so viel. Auch der von den Privaten ausgeführte englische Porter spielte auf den Kompaniefahrzeugen nur eine äußerst geringe Rolle. Daneben tauchen auf den privaten Schiffen weitere Spezialitäten auf, die bei der Asiatisk Kompagni komplett fehlen. Die „Asia" hatte etwa 540 Flaschen in Branntwein eingelegte Früchte an Bord, ebenso 1778 die „Grev Bernstorff" 4 Körbe Champagner sowie, als einmalige Partie, 5.760 Flaschen Cider.[170] Gelegentlich kamen größere Stückzahlen an leeren Flaschen aus England hinzu. Weiterhin fällt auf, dass die privaten Expeditionen komplett auf den Export von Madeira verzichteten. Auch wenn es sich bei der Zeit um 1780 lediglich um eine Momentaufnahme handelt, scheint diese doch, mit Ausnahme des Weins, die oben zitierte Forderung nach einer Arbeitsteilung zu bestätigen.

Die Kopenhagener Lieferanten der Privatexpeditionen waren oft dieselben, die auch die Schiffe der Asienkompanie ausstatteten, was in Anbetracht der großen Personal- und Interessenkongruenz nicht verwundert. Während Bolten gegenüber der Kompanie in erste Linie als Weinhändler auftrat, betätigte er sich im privaten Indiengeschäft mit einem breiteren Warenspektrum. So erwarb Bolten 1780 die in „Prins Carl" umgetaufte ursprüngliche „Prinz von Bevern" gemeinsam mit seinem Geschäftspartner, dem Kapitän und Kaufmann Peter Ibsen Dahl. Auf dieser gingen nicht nur Alkoholika auf die Reise, sondern ebenso Eisen, Stahl, Teer und Segeltuch.[171] Auch die enorme Lieferung von 2.000 Keller Genever und 250 Fass Porter auf der „Laurvig" und der „Sophia Dorothea" 1781 ging auf Boltens Rechnung. 1782 schickte er mit der privaten „København" neben 100 Fass Porter gewaltige 3.600 Keller Genever auf die Reise.[172] Dabei fällt auf, dass Bolten wiederum keinen Wein auf eigene Rechnung nach Indien sandte.[173]

Neben dem privaten Interkontinentalhandel existierte eine zweite Form privaten Warenumschlags mit Alkohol – in Gestalt von Freiquoten (*Føringsgods*) für Besatzungsmitglieder der Asiatisk Kompagni. So war es

[170] RAK, Generaltoldkammer og Kommercekollegiet, Indisk kontor, Ostindisk journal, 23. Januar 1781; ebd., 11. Juni 1778; ebd., 4. August 1778.
[171] Ebd., 15. August 1780.
[172] Ebd., 18. Juni 1782.
[173] Ebd.

ähnlich wie bei der britischen East India Company oberen Dienststrängen der Schiffsbesatzungen gestattet, ein bestimmtes Quantum an Handelsgütern auf eigene Rechnung mit nach Ostindien zu bringen. Bei den Briten firmierten jene Besatzungsmitglieder unter der Bezeichnung „Privilege Traders", die je Schiff insgesamt 20 Pipes an Weinen nach Indien ausführen durften; weitere 5 Pipes waren zusätzlich dem Kapitän für den Verkauf oder die anderweitige Ausgabe an Bord gestattet.[174]

Vergleichbare Regelungen bestanden auch für die Interkontinentalfahrzeuge der dänischen Asiatisk Kompagni. Die entsprechende Menge wurde in den Instruktionen für die jeweils einzelne Ostindienfahrt festgelegt. So regelt die Instruktion für die „Kronprinsessen af Danmark" 1748, dass vom Kapitän neben Butter, Talg und anderen Konsumgütern an Alkohol mit an Bord gebracht werden durften:

12 Fass Bier
2 Oxhoft Wein
4 Ohm Branntwein
sowie 300 Flaschen eines Getränks freier Wahl.[175]

Der Obersteuermann durfte neben 8 Fässern Bier auch 2 Oxhoft Wein, 2 Ohm Branntwein sowie 200 Flaschen Getränke freier Wahl mit an Bord nehmen. Für Schiffsgeistlichen, Schiffsassistenten und Untersteuermann galten je 6 Fass Bier, 2 Oxhoft Wein, 1 1/2 Ohm Branntwein und 150 Flaschen freier Wahl. Eine noch geringere Menge war dem Untersteuermann vorbehalten. Sämtliche Freifracht sollte ordnungsgemäß in Tranquebar verzollt werden.[176]

Explizit stellt die Instruktion von 1748 klar, dass die übrige Mannschaft neben ihren Kisten mit persönlichen Habseligkeiten über keinerlei Freifracht verfüge. Jegliche Ware, die über besagte Menge hinausgehe, solle ohnehin beschlagnahmt werden. Später zeigte sich das Direktorium der Asienkompanie großzügiger und gewährte auch niederen Rängen in gewissem Umfange Freifracht. Davon machten die Besatzungsmitglieder, wie die Seezollbücher

---

[174] Hancock, An Undiscovered Ocean, S. 157 f.
[175] 1 Ohm entsprach in Dänemark etwa 150 l.
[176] Gøbel, Mellem København og Tranquebar, S. 131 f.

Tranquebars offenbaren, stets regen Gebrauch, wobei der Alkohol seit den 1780er Jahren in aller Regel wertmäßig den größten Anteil der jeweils eingeführten Waren ausmachte.

Tabelle 5: In Tranquebar entladene Fracht der „Disco" (1786)

Sorte	Kompaniefracht	Freifracht von Besatzungsmitgliedern
Rotwein	23.832 Flaschen	9.086 Flaschen
Firnwein	3.080 Flaschen	–
Madeira	16 Pipes	–
Rum	30 Fass	–
Genever	200 Flaschen	18 Keller
Branntwein	–	169 Anker[177]
Gin	–	87 Keller
Bier	–	22 Fass

Die 1786 auf der „Disco" nach Tranquebar eingeführte Freifracht verdeutlicht, dass junger Wein für Kompanie und Besatzungsmitglieder gleichermaßen attraktiv war und dass die Besatzung hier für ein beachtliches knappes Drittel der Gesamtfracht verantwortlich zeichnete. In wenigen Fällen gelang es, am Kap der Guten Hoffnung zusätzlich Wein mit an Bord zu bringen, wie etwa dem ersten Steuermann der „Mars" 1782.[178] Die Verteilung der übrigen Alkoholika hinterlässt andererseits erneut den Eindruck einer gewissen Arbeitsteilung, wobei die Besatzungsmitglieder allem Anschein nach auf guten Absatz der von der Kompanie nicht selbst importierten Waren hofften. Als *Føringsgods* spielten andererseits die großen wie teuren Madeira-Pipes keine Rolle. Allenfalls die seltene Variante des in Flaschen abgefüllten Madeira kam hier infrage, wie etwa für den Steuermann Fabritius der „Castellet Dansborg". Dieser brachte im Oktober 1780 immerhin 960 Flaschen davon in Tranquebar an Land.[179]

---

[177] 1 Anker entsprach in Dänemark etwa 38 l.
[178] RAK, Det Kongelige Ostindiske Guvernement, Afdelingen i Tranquebar, Søtoldbog, 1. Juni 1782.
[179] Ebd., 31. Oktober 1780.

Freifracht durften auch die Besatzungsmitglieder privater dänischer Ostindienfahrer transportieren, wie etwa auf der „Juliana Maria", die offiziell vom Kopenhagener Handelshaus de Coninck & Rejersen ausgesandt worden war, deren Ladung de facto aber dem englischen Kaufmann Robert Davidson gehörte.[180] Im Juli 1786 gingen von jenem Schiff zusätzlich zur regulären Fracht als Føringsgods neben Champagner, Genever, Branntwein und Bier beachtliche 8.932 Flaschen Rotwein in Tranquebar an Land.[181]

---

[180] Feldbæk, India Trade under the Danish Flag, S. 96 f.
[181] RAK, Det Kongelige Ostindiske Guvernement, Afdelingen i Tranquebar, Søtoldbog, 30. Juli 1786.

Alkohol im dänischen
intra-asiatischen Handel

Der private intra-asiatische Handel mit europäischem Alkohol. Tranquebar war seit den 1620er Jahren in die traditionellen intra-asiatischen Handelsnetzwerke am Indischen Ozean eingebunden.[182] Auf diese Weise erwarben die Dänen im Warenverkehr vor allem entlang der Koromandelküste sowie mit Südostasien schon früh ein großes Maß an kaufmännischer Expertise. Die spärliche Quellenüberlieferung legt allerdings die Annahme nahe, dass Alkohol, meist in Gestalt von einheimischem Arrak, in der Frühzeit kaum mehr als eine marginale Rolle spielte, woran sich auch nach Gründung der Asiatisk Kompagni zunächst wenig änderte.

Mit der Intensivierung des interkontinentalen Warenaustausches in der zweiten Hälfte des 18. Jahrhunderts entwickelte sich Tranquebar dann aber zu einem immer wichtigeren Scharnier zwischen interkontinentalem und intra-asiatischem Handel mit Waren aus Europa einschließlich des Alkohols. Das äußerte sich weniger in Gestalt der Redistribution aus Kopenhagen eingeführter Güter in die kleineren dänischen Handelsplätze an der Malabarküste und in Bengalen, sondern vielmehr im Reexport in die kolonialen Besitzungen der europäischen Konkurrenten. Metalle, Waffen, Schiffszubehör und Alkohol spielten dabei eine immer größere Rolle. Aber auch in umgekehrter Richtung gelangten je nach Angebot und Nachfrage europäische Produkte über die Besitzungen anderer Kolonialmächte nach Tranquebar. Während Alkohol in den 1730er und 40er Jahren noch eine äußerst geringe Rolle gespielt hatte,

---

[182] Im Überblick: Subrahmanyam, Coromandel Trade of the Danish East India Company; Krieger, Kaufleute, Seeräuber und Diplomaten.

nahm der Umschlag seit Mitte des Jahrhunderts sehr langsam zu, um in den 1770er und 80er Jahren zu seiner Blüte zu gelangen.[183]

Strukturell ist ebenso wie beim interkontinentalen Warenaustausch zwischen Privat- und Kompaniehandel zu unterscheiden. Bisweilen sind beide Formen allerdings nicht klar voneinander zu trennen, insbesondere dann, wenn Kompaniebedienstete neben dem offiziellen Engagement auch auf eigene Rechnung wirtschafteten. Ein Vergleich wird zudem durch die Tatsache erschwert, dass die privaten, im Alkoholhandel Tranquebars engagierten Unternehmer keine archivalische Überlieferung hinterlassen haben, wodurch eine Rekonstruktion ihrer Aktivitäten nur indirekt und dabei auch nur lückenhaft möglich ist. Hierbei stellen die Rechnungsjournale sowie die Seezollbücher Tranquebars einmal mehr die zentrale Quelle dar. Letztere liefern vor allem für die 1780er Jahre Hinweise auf die räumliche Ausdehnung des privaten dänischen intra-asiatischen Handels und ermöglichen ansatzweise auch quantitative Einschätzungen.

Dabei dokumentieren die Quellen zunächst die Tatsache, dass die Asiatisk Kompagni den Weitertransport europäischen Alkohols von Ceylon bis an die nördliche Koromandelküste weitgehend privaten Kaufleuten überließ. Zu deren Versorgung gelangte die Ware auf verschiedene Weise nach Tranquebar: zum einen als Fracht auf den Interkontinentalschiffen der Asiatisk Kompagni sowie seit der Freigabe des dänischen Asienhandels auch auf privaten Fahrzeugen, zum anderen im Rahmen der schon erwähnten Freiquoten einzelner Besatzungsmitglieder.

Der Aktionsraum der privaten Alkoholhändler Tranquebars erstreckte sich vom ceylonesischen Colombo im Süden bis in das an der nördlichen Koromandelküste gelegene Ganjam, machte also südwärts eine Reichweite von etwa 500 km und in Richtung Norden von 700 km aus. Demgegenüber spielten die Malabarküste und Bengalen keine Rolle.[184] Die umfangreichsten Exporte fanden in Richtung der nächstgelegenen Handelsplätze der

---

[183] Die Rechnungsjournale berichten seit den 1740er Jahren vom Umschlag kleinerer Mengen, etwa am 31. August 1740 den Verkauf von drei Fass Branntwein in Tranquebar: RAK, Asiatisk Kompagni, Afdelingen i Tranquebar, Regnskabsjournal, 31. August 1740.

[184] Zur dänischen Faktorei in Colachel etwa: RAK, Asiatisk Kompagni, Afdelingen i Tranquebar, Kopibog over indkomne breve, Beisner an Faktorei in Tranquebar, 31. Mai 1795.

europäischen Konkurrenten statt, wobei vor allem Briten und Niederländer regelmäßig beliefert wurden. So gingen die häufigsten Sendungen (1781–1790 mindestens 72) in das niederländische Nagapattinam, mit einem gewissen Abstand gefolgt vom britischen Madras (39). Alle übrigen Orte wurden seltener mit Alkohol beliefert, wie das französische Pondicherry (13) und Cuddalore (10) sowie Tuticorin (6). Eine eher untergeordnete Rolle spielten die niederländischen Besitzungen auf Ceylon, wie Trincomalee, Jaffna und Colombo, sowie das Tranquebar direkt benachbarte, französische Karikal. Die übrigen infrage kommenden Handelsplätze wie Sadras, Porto Novo, Nagore oder Ramnad bis in den Norden nach Masuliptatnam und Ganjam wurden in den 1780er Jahren nur in Einzelfällen beliefert.

Während die Asiatisk Kompagni auf dem Indischen Ozean über größere Schiffe oft europäischer Bauart verfügte, lief der Privathandel bis auf wenige Ausnahmen mit Hilfe kleinerer Boots- und Schiffstypen indischer Herkunft ab. Einfache, offene und lediglich aus mehreren miteinander verbundenen Holzbalken bestehende Katamarane überbrückten die rund 15 km nach Karikal oder die 40 km nach Nagapattinam.[185] Ein Katamaran transportierte dabei selten mehr als eine Kiste Wein à 154 Flaschen. Größere Distanzen wurden mit dem sogenannten Chelingo überwunden, der in den dänischen Quellen unter der Bezeichnung *Selling* firmierte. Bei diesem handelte es sich im Vergleich mit dem Katamaran um ein größeres Plankenboot, das in Südindien etwa auch für den Transport von Reis genutzt wurde und sowohl gerudert als auch gesegelt werden konnte.[186] Auf einem Chelingo, dem am häufigsten im privaten Alkoholhandel Tranquebars eingesetzten Fahrzeugtyp, wurden bis zu 7 Kisten Wein verschifft. Er überbrückte meist mittlere Distanzen und war im Verkehr zwischen Tranquebar und Madras der am häufigsten eingesetzte Fahrzeugtyp. Mehr als 20 m Länge und an die 7 m Breite konnte der Dhony (in den dänischen Quellen *Thony*) aufweisen, der bis zu 100 Kisten Wein lud und größere Entfernungen, etwa nach Ceylon und an die nördliche Koromandelküste, zurücklegte.[187] Vereinzelt kam auch der europäische, zweimastige Schiffstyp der Schnau zum Einsatz.

---

[185] Zum Bautyp des Katamaran s. Yule / Burnell, Hobson-Jobson, S. 173.
[186] Eine eher kursorische Beschreibung in: ebd., S. 188.
[187] Ebd., S. 323.

Die meisten privaten Handelsfahrzeuge verließen Tranquebar in den Monaten Juli und August. Das dürfte nicht allein mit den vor Einsetzen der Regenzeit noch ruhigeren Witterungsbedingungen entlang der Koromandelküste in Verbindung stehen, sondern vor allem mit der Tatsache, dass die Interkontinentalschiffe Tranquebar mehrheitlich im Juni oder Juli erreichten. Andererseits wurden nicht sämtliche interkontinentalen Importe sofort reexportiert, was in Madras, Nagapattinam und anderenorts möglicherweise zu einem nicht gewünschten Preisrückgang geführt hätte, sondern es fanden in geringerer Zahl das ganze Jahr hindurch Abfahrten statt.

Die verschiffte Produktpalette wurde von Angebot und Nachfrage sowie eventuellen Preisdifferenzen zwischen zwei Orten bestimmt. So wurden nach Madras in erster Linie große Mengen an französischem Rotwein, aber auch Genever transportiert. Nagapattinam erhielt ebenso wie Cuddalore, Pondicherry und Karikal Wein; nach Porto Novo und das im Süden der indischen Ostküste gelegene Ramnad ging in sehr geringem Umfang ebenfalls Wein. In Einzelfällen wurden Wein bzw. Madeira nach Jaffna und Colombo auf Ceylon exportiert. Obwohl die Seezollbücher eine Quantifizierung der Reexporte nicht erlauben, vermitteln sie doch das Bild wechselhafter Nachfrage von Jahr zu Jahr. Diese waren nicht nur von der Regelmäßigkeit (oder Unregelmäßigkeit) der Schiffsankünfte aus Kopenhagen abhängig, sondern auch Resultat schwankender Nachfrage an der Koromandelküste und auf Ceylon, die zweifellos wiederum von den interkontinentalen Importen der anderen europäischen Handelsnationen abhing. Auch wenn ein Blick in die Quellen zunächst entsprechend disparat erscheinen mag, fallen doch mehrere Aspekte auf, die eine gewisse Struktur erkennen lassen: Tranquebar reexportierte nur zeitweise, analog zu den Importen aus Kopenhagen Madeira in andere europäische Handelsplätze. Demgegenüber stellte es kontinuierlich einen wichtigen Exporteur europäischen Weins dar. So lässt sich die bemerkenswerte Tatsache beobachten, dass französischer Wein über Kopenhagen und Tranquebar selbst in die französischen Handelsplätze entlang der südlichen Koromandelküste gelangte.

Der intra-asiatische Handel war multidirektional. Ein und dieselbe Sorte konnte mal exportiert werden, um einige Zeit später wiederum aus demselben Ort eingeführt zu werden. So kamen aus Nagapattinam Bier und in geringer Menge Madeira, aus Colombo Anis-Likör. In einem einzigen Fall gelangte über Jaffna auch französischer Rotwein nach Tranquebar.

Aus Cuddalore, Pondichery und dem ceylonesischen Trincomalee kamen europäischer Branntwein, ebenso aus Cuddalore in geringer Menge Rotwein sowie Madeira und aus Pondicherry ebenfalls Rotwein. Madeira stammte überwiegend aus Madras, von wo aus seit Mitte der 1780er Jahre auch englischer Porter importiert wurde. Nach der britischen Eroberung der niederländischen Besitzungen auf Ceylon 1796 wurde Madeira auch aus Colombo nach Tranquebar verschifft.

Die nicht immer vollständigen Angaben der Seezolleinnahmen bieten auch bei den Einfuhren den Eindruck einer großen, von Angebot und Nachfrage abhängigen, Schwankungsbreite. Während in einzelnen Jahren keine Importe aus anderen an der Koromandelküste gelegenen Orten verzeichnet sind, wurden in anderen wiederum Waren im Wert von bis zu 5.000 Reichstalern verzollt.

Tabelle 6: Verzollter Wert der Alkoholeinfuhren im intra-asiatischen Handel nach Tranquebar (1781–1792)

Jahr	Wert der Einfuhr (Rt.Tr.Cour.)
1781/1782	0
1782/1783	1.330
1783/1784	4.920
1784/1785	0
1785/1786	1.006
1786/1787	385
1787/1788	1.013
1788/1789	554
1789/1790	715
1790/1791	1.976
1791/1792	570

Bezüglich der Ein- und Ausfuhren insgesamt legen die Seezollbücher die Annahme nahe, dass der Höhepunkt des dänischen intra-asiatischen Handels ebenso wie der Interkontinentalhandel gegen Ende des Amerikanischen Unabhängigkeitskrieges erreicht war. Die Verschiffung von bis zu 100 Kisten Rotwein, also mehr als 15.000 Flaschen, im Rahmen einer einzigen Lieferung stellte bis dahin nichts Ungewöhnliches dar. Seitdem folgte ein allmählicher

Rückgang, der mit der allgemeinen Verringerung des Interkontinentalhandels über Tranquebar zu Gunsten der dänischen Kolonie Serampore in Bengalen in Verbindung steht. 1795 war der Umschlag bereits derart zurückgegangen, dass Wein jeweils nur noch im Umfang weniger Kisten gehandelt wurde.[188] Um 1800 spielte jener kaum mehr eine Rolle. Stattdessen war die Handelspalette nun ganz überwiegend von regionalen Produkten wie Textilien, Reis oder Arekanüssen, allenfalls von größeren Mengen Arraks geprägt. Noch vor der ersten Besetzung Tranquebars durch die britischen Truppen, hatte die dänische Kolonie an der Koromandelküste den Anschluss an den intra-asiatischen Alkoholhandel komplett eingebüßt.[189]

Die Alkoholhändler Tranquebars. Während der Blütezeit existierten in Tranquebar eine geringe Zahl an umsatzstarken Handelshäusern, umsatz-schwächere europäischen Privatkaufleute sowie Gouvernements- oder Kompaniebedienstete, die für den größten Teil des Umschlags verantwortlich zeichneten und teils eigene Schiffe besaßen. Hinzu kamen indische Händler sowie private Kleinabnehmer. Für die 1780er Jahre weisen die Seezollbücher etwa 150 Namen von Käufern auf, worunter sich auch 45 muslimische, indo-portugiesische oder armenische Abnehmer finden. Die meisten der letzteren treten dabei lediglich ein oder zweimal auf. Unter den asiatischen Kaufleuten handelte allein ein Armenier namens Pascal Mitte der 1780er Jahre in etwas größerem Umfange mit Alkohol. Die bedeutendsten Umsätze gingen demgegenüber auf das Konto von europäischen Handelshäusern, wie etwa von Harrop & Stevenson oder Boalth & Co aus Tranquebar[190] sowie von Unternehmen aus Madras und Pondicherry wie Bourginet & Co.

Am Beispiel des französischstämmigen Melchior La Beaume lässt sich die Handelspraxis eines für Tranquebar größeren Privatkaufmanns gut betrachten. Dieser blickte bereits auf eine längere Karriere im intra-asiatischen Handel in Bengalen und an der Koromandelküste zurück, ehe er Ende der 1770er Jahre in Tranquebar in das Alkoholgeschäft einstieg. 1778, im Alter von mehr als 50 Jahren, unverheiratet und mit beträchtlichen Mitteln

[188] RAK, Det Kongelige Ostindiske Guvernement, Afdelingen i Tranquebar, Søtoldbog, 1800, passim.
[189] Ebd.
[190] Vgl. Feldbæk, India Trade under the Danish Flag, S. 76 (Harrop & Stevenson), 221 (Boalth & Co).

als Däne in Tranquebar naturalisiert, wurde la Beaume Miteigentümer des dortigen Handelshauses La Beaume & Fix und hielt zudem persönlich einen Anteil am Schiff „Antoinette".[191] Zunächst experimentierte La Beaume mit dem Erwerb geringer Mengen an Alkohol auf den Auktionen der Asiatisk Kompagni und deren Absatz an der südlichen Koromandelküste. So erwarb er im September 1779 aus der Ladung der „Castellet Dansborg" 10 Oxhoft Rum und 79 Keller Genever.[192] Aber auch Rotwein, den er immer wieder auf Dhonys in Richtung Madras auf den Weg brachte, gehörte wenig später zu seinem Sortiment.[193] Offenbar hatte La Beaume Anfangs Mühe, seine zunächst eher kleinen Partien abzusetzen, denn von dem nächsten auf die „Castellet Dansborg" aus Europa folgenden Schiff, der „Tranquebar", kaufte er lediglich Ankertaue, Trossen, Leinwand, indes keinen Alkohol. Gleichwohl muss er sich in den ersten Jahren seiner Geschäftstätigkeit in Tranquebar einen guten Marktüberblick erworben haben, der ihm den Mut verlieh, im September 1780 von der „Rigernes Ønske" die komplette Rotweinladung von immerhin 18.144 Flaschen sowie Firnwein, Genever und Rum ebenfalls in großer Menge zu erwerben.[194]

La Beaume lernte dabei, seine Transaktionen genau zum richtigen Zeitpunkt zu tätigen. Als nämlich die Ladung der aus Kopenhagen kommenden „Kronprindsen" mit 53.154 Flaschen Rotwein am 16. und 17. Juni 1781 versteigert wurde, bot er nicht mit, sondern wartete ab. Tatsächlich wurden auf besagter Auktion lediglich 5.170 Flaschen an andere Kaufleute zu 3 Porto Novo Pagoden (PN Pag.) je Dutzend abgesetzt.[195] La Beaume war sich dieser Kaufzurückhaltung bewusst und ebenso der Tatsache, dass es für die Kompanie stets einen finanziellen Verlust bedeutete, auf

---

[191] RAK, Generaltoldkammer og Kommercekollegiet, Indisk kontor, Ostindisk journal, 10. Februar 1778; Larsen, Ostindiske Personalier og Data, Eintrag: Melchior La Beaume; Feldbæk, India Trade under the Danish Flag, S. 36.

[192] RAK, Asiatisk Kompagni, Afdelingen i Tranquebar, Regnskabsjournal, 31. Oktober 1779.

[193] RAK, Det Kongelige Ostindiske Guvernement, Afdelingen i Tranquebar, Søtoldbog, 1779 und 1780 passim.

[194] RAK, Asiatisk Kompagni, Afdelingen i Tranquebar, Regnskabsjournal, 26. September 1780.

[195] Die an der südlichen Koromandelküste auch außerhalb Tranquebars geläufigste Münzeinheit war die Porto Novo Pagode (PN Pag.), auf die jeweils 28 Fanam sowie 80 Kahs kamen.

Wein sitzenzubleiben. Erst eine Woche nach der Auktion der Waren der „Kronprindsen" trat La Beaume mit der Kompanie in Kontakt und kaufte die große Zahl von 15.400 Flaschen für nunmehr lediglich 2 7/8 PN Pag.[196] Auch wenn der Preisnachlass auf den ersten Blick gering erscheint, summierte er sich doch bei der großen Zahl der umgesetzten Flaschen. Dieses Geschäft konnte La Beaume übrigens nicht selbst finanzieren, sondern er bediente sich eines Wechsels, gezogen auf seinen Geschäftspartner in Madras, Mesr. Pelling & de Fries. Nur wenige Tage später brachte der gebürtige Franzose 90 Kisten Wein mit einem Dhony auf den Weg in die britische Besitzung.[197]

Von ebenso großer Bedeutung wie Melchior La Beaume war Peter Baettger. Jener diente ursprünglich auf der „Kongen af Danmark" der Asiatisk Kompagni als Sekretär des Kapitäns, auf der er gemeinsam mit seinem Sohn Johann Gotthard Mitte 1780 Tranquebar erreichte. Auch wenn Peter Baettger auf dieser Reise offenbar selbst keinen Alkohol als private Freifracht mit sich führte, dürfte er doch bereits jetzt einen guten Eindruck von den Gewinnchancen im Alkoholgeschäft erhalten haben. Denn in Tranquebar wurden von der „Kongen af Danmark" große an Mengen *Føringsgods* entladen; allein Kapitän Kiærulf brachte 20 Kisten Wein auf eigene Rechnung an Land. Ebenso erhielten Gouverneur Abbestée sowie die Kompanie- bzw. Privatkaufleute Huulbech, Ottesen, Halkiær und Lykke privat vorbestellte Weinkisten in großer Zahl.[198]

Kurzerhand beschloss Peter Baettger, gemeinsam mit seinem Sohn in Indien zu bleiben, aus dem Kompaniedienst auszuscheiden und sein Glück als Privatkaufmann zu suchen. Verzeichnen die Seezollregister im ersten Jahr seiner Geschäftstätigkeit neben anderen Transaktionen lediglich zwei kleinere Exporte von Alkohol, stieg deren Zahl bis 1785 auf einen Höhepunkt von 18 an. Dabei konzentrierte sich Baettger anfangs auf den Arrak, handelte im Laufe der Zeit aber auch mit allen verfügbaren europäischen Alkoholsorten. Expertise erwarb er in erster Linie im Austausch zwischen Tranquebar und Nagapattinam. Lieferungen gingen aber auch von und nach Madras, sowie

---

[196] RAK, Asiatisk Kompagni, Afdelingen i Tranquebar, Regnskabsjournal, 23. Juli 1781.
[197] RAK, Det Kongelige Ostindiske Guvernement, Afdelingen i Tranquebar, Søtoldbog, 3. August 1781.
[198] RAK, Det Kongelige Ostindiske Guvernement, Afdelingen i Tranquebar, Søtoldbog, 30. Juli 1780.

nach Adriampatnam, Ganjam und Colombo. Bald lieferte er seine Ware auf einem eigenen Boot aus.

Der Wendepunkt von Baettgers Karriere wurde durch seine Geschäfte mit Diederich Anthon Gerhard Christiani aus dem schleswig-holsteinischen Rieseby eingeleitet. Christiani war Schiffsassistent der privaten „Heinrich Carl", die am 12. Juni 1784 Tranquebar erreichte. Ähnlich wie Baettger selbst Jahre zuvor, kam auch Christiani auf den Geschmack des intra-asiatischen Handels. Er blieb in Tranquebar, wollte aber offensichtlich zu rasch in das große Geschäft einsteigen und erwarb die komplette Hinfracht der „Heinrich Carl". Nicht nur mangels an Erfahrung, sondern auch in Anbetracht der Krise nach dem Ende des Amerikanischen Unabhängigkeitskrieges scheiterte Christiani kaufmännisch und sah sich schließlich gezwungen, sämtliche Waren an Baettger zu verkaufen und 1790 Indien den Rücken zu kehren.[199]

Aber auch Baettger geriet mit dem Ende der Alkoholkonjunktur in finanzielle Schieflage und erlitt Bankrott. Er verließ Tranquebar bald nach Christiani in großer Eile, brachte vor seiner Abreise aber immerhin noch 4 Pipes Madeira bei Harrop & Stevenson in Sicherheit.[200] Es scheint, dass Baettger auf diese Weise zumindest einen Teil der ihm noch verbliebenen Handelsgüter rettete, denn als die dänische Obrigkeit bald darauf seine verwaisten Privat- und Geschäftsräume besichtigte und ein Inventar für eine mögliche Versteigerung anfertigen ließ, fand sich nur noch eine Kiste mit 8 Dutzend Flaschen Rheinwein. Daneben spürten die Kolonialbediensteten eine größere Zahl an leeren Gefäßen auf – 60 Genever-Behälter, einige sonstige leere Flaschen, ein leeres Porter-Fass, unbenutzte andere Fässer und leere Weinkisten. Später tauchten immerhin noch 7 Kisten Genever auf. Unklar bleibt, inwiefern Baettger Handelswaren auch seinem Sohn übertragen hatte. Wie auch immer, Baettger jun. wurde durch den Konkurs des Vaters selbst mit in den Abgrund gerissen, denn nur wenig später wurde auch sein privater und geschäftlicher Besitz versteigert.[201]

Neben privaten Handelshäusern betätigten sich auch dänische Kolonial- und Kompaniebedienstete im privaten Geschäft mit Alkohol. Zunächst im

---

[199] Degn, Heinrich Carl, S. 227 ff.
[200] RAK, Det Kongelige Ostindiske Guvernement, Afdelingen i Tranquebar, Søtoldbog, 30. Juni 1789.
[201] RAK, Det Vestindiske Handelsselskab, Afdelingen i København, Breve og regnskaber m.v. angaaende „Heinrich Carl", pag. 174 f., 192, 224, 237.

Dienste der Kompanie und seit 1772 des königlichen Gouvernements stand der Gouverneur Peter Herman Abbestée. Dieser verfügte viele Jahrzehnte lang zweifellos über die beste Landeskenntnis unter den Dänen in Indien. Er hatte Tranquebar bereits 1753 als Kompanieassistent erreicht und war rasch zum Mitglied des Geheimen Rates, des Regierungsorgans der kolonialen Besitzung, aufgestiegen. Mit seinen Schiffen „Serampore", „Calicut" und „Maria" trieb er bis zu seiner Ablösung und endgültigen Rückkehr nach Kopenhagen intra-asiatischen Handel.[202] Dabei spielte Alkohol stets eine große Rolle, wie etwa 1780, als er eine Partie Madeira aus Madras erhielt. Im selben Jahr kaufte er auch von der „Kongen af Danmark" 1.500 Flaschen und von der „Castellet Dansborg" noch einmal 600 Flaschen Wein, 1783 erneut 820 Flaschen Rotwein und 2 Fässer Rum, 1784 von der „Disco" 2.550 Flaschen Rotwein sowie drei Jahre später von der „Princesse Louise Augusta" wiederum 750 Flaschen Rotwein. Abestée erwarb also innerhalb eines halben Jahrzehnts die nicht ganz unbeträchtliche Menge von mehr als 6.000 Flaschen Wein für den Weiterverkauf.[203] Auch seine Kollegen vom Geheimen Rat, wie etwa Thomas Christian Walther, partizipierten an dem einträglichen Geschäft.

Bemerkenswerterweise stellten auch die Halleschen Missionsärzte neben der Ausübung ihrer eigenen Profession eifrige Alkoholhändler dar. Das gilt an erste Stelle für Mauritz Markus Martini. Dieser hatte in Kopenhagen und Berlin Medizin studiert, sich eine zeitlang als Arzt beim Markgrafen von Kulmbach verdingt, ehe er in Hamburg eine private Praxis eröffnete. 1762 trat Martini als Militärarzt in dänische Dienste, um schließlich seit etwa 1780 als Missionsarzt in Tranquebar zu wirken. Martini experimentierte ebenso wie Bættger gleich nach seiner Ankunft in Tranquebar mit dem Alkoholhandel; 1780/1781 importierte er Arrak aus Nagapattinam, offenbar für den Verkauf vor Ort. Später verlegte er sich auf europäische Getränke, insbesondere auf Wein, Bier, Genever und Madeira.[204]

Vergleichsweise häufig taucht in den Seezollbüchern zudem der Missionsarzt Johann Gottfried Klein auf, der nicht nur in beträchtlichen Mengen Madeira und Branntwein einführte, sondern auch Arrak exportierte.

---

[202] Larsen, Dansk Ostindiske Personalier og Data, Eintrag: Peter Herman Abbestée.

[203] RAK, Det Kongelige Ostindiske Guvernement, Afdelingen i Tranquebar, Søtoldbog, passim.

[204] RAK, Det Kongelige Ostindiske Guvernement, Afdelingen i Tranquebar, Søtoldbog, passim.

Die großen Mengen und die relative Häufigkeit deuten wie bei Martini darauf hin, dass er hierbei nicht allein medizinischen Bedarf bediente oder hochprozentigen Alkohol zur Konservierung naturkundlicher Präparate nutzte.[205] Angesichts der oft prekären wirtschaftlichen Lage der Missionare sind stattdessen einschlägige Handelsaktivitäten anzunehmen. Der Missionar Christoph Samuel John warnte in diesem Zusammenhang gar vor dem „Abweg der Kaufmannschaft", zu dem er geradezu gezwungen sei, um überhaupt überleben zu können.[206]

Nur selten werden europäische Frauen als Käuferinnen von Alkohol in den Seezollbüchern genannt. So importierte eine gewisse Madame Clementz 1794 eine Pipe Madeira. Auch Madame Couperus, vermutlich die Witwe eines niederländischen Kolonialbediensteten, erwarb 1800 dieselbe Menge. Angesichts der eher kleinen Mengen und der Seltenheit der Transaktionen dürfte jener Alkohol eher den Eigenbedarf befriedigt haben.

Die Seezollbücher belegen über die Jahrzehnte hinweg aber auch in geringem Umfang einheimische Handelsaktivitäten. So führte ein gewisser Waitianad noch 1807 französischen Branntwein und jeweils 12 Dutzend Flaschen jungen Rotwein und Firnwein nach Tranquebar ein; ein gewisser Ramanuti wiederum 12 Dutzend Flaschen Rotwein, 30 Keller Genever und 46 Dutzend Flaschen französischen Branntwein, Werappan Branntwein, 22 Keller Genever sowie 21 Dutzend Flaschen Rotwein. Der einzige asiatische Kaufmann, der in einem größeren, mit den Europäern vergleichbaren Umfang Alkohol umsetzte, war der bereits genannte Armenier Paskal, der zwischen 1782 und 1787 in den Seezollbüchern 1–3 Mal jährlich mit Alkoholhandel genannt wird. Während Paskal anfangs auf fremden, etwa auch auf Baettgers, Schiffen transportieren ließ, führte der Geschäftserfolg später zum Erwerb eines eigenen Chelingo.[207]

Was mit dem von den einheimischen Händlern aus Europa importierten Alkohol weiter geschah, ist nicht eindeutig zu ermitteln. Ein anonymer

---

[205] Über die Nutzung von Alkohol zur Konservierung von Naturalien aus Tranquebar die klagenden Zitate des Dänisch-Halleschen Indienmissionars Christoph Samuel John bei: Mariss, A World of New Things, S. 235 f.

[206] Delfs, „What shall become", S. 72; zu dem Missionar Schultze: Nørgaard, Mission und Obrigkeit, S. 138 f.

[207] RAK, Det Kongelige Ostindiske Guvernement, Afdelingen i Tranquebar, Søtoldbog, passim.

Tranquebarbesucher schrieb 1788 von einigen „angesessenen reichen mohri-
schen und malabarischen Kaufleuten", die einen beträchtlichen Anteil am
Tranquebarischen Handel „von Indien nach Indien" hätten. Die von ihnen
umgeschlagenen Alkoholika gingen aus Sicht des reisenden Kaufmannes vor
allem nach Bengalen (Wein, Genever), nach Ceylon (Branntwein) sowie an die
nördliche und südliche Koromandelküste (Rotwein, Genever, Branntwein).[208]

Der intra-asiatische Alkoholhandel der Asiatisk Kompagni. Die Asiatisk
Kompagni war im Gegensatz zu den Privatkaufleuten kaum am intra-
asiatischen Alkoholhandel entlang der Koromandelküste beteiligt und
beschränkte dort ihre einschlägigen Aktivitäten in erster Linie auf Madras.
Diese Tatsache ist ebenso wie beim Interkontinentalhandel Ausdruck einer
gewissen Arbeitsteilung, aber auch der Verlagerung der Handelsaktivitäten
der Kompanie nach Serampore seit den 1780er Jahren, die 1797 zur vollständigen Auflösung der Kompanieniederlassung in Tranquebar führte.
   Dabei verfügte die Handelsgesellschaft durch ihr vergleichsweise dichtes
Netz an Faktoreien und Handelsagenten über exzellente Informations-
möglichkeiten sowohl an der Koromandelküste als auch in Bengalen.
Außerdem unterhielt die Kompanie Briefwechsel mit Handelshäusern in
Madras, wie etwa mit Stephens & Cockell und Pelling & de Vries.[209] Wenig
ermutigend lautete beispielsweise ein Schreiben von Pelling & de Fries vom
Juni 1785: „... this place and Bengal being quite glutted with almost all
sorts of Europe goods. The whole cargo of Madeira Wine of a Portuguise [!]
ship which arrived here 3 months ago, is still unsold."[210] Auch die sich in
Serampore aufhaltenden Kompaniekaufleute informierten in ihren regelmäßigen Schreiben nach Tranquebar über aktuelle Verkaufsperspektiven.
Während Rotwein und Segeltuch zu einem hohen Preis abgesetzt werden
könnten, erwiesen sich Teer, Pech und Branntwein praktisch als unverkäuflich, wie es im Mai 1779 aus Serampore hieß.[211]

---

[208] Von dem Handel der Stadt Tranquebar, S. 76.
[209] Z.B.: RAK, Asiatisk Kompagni, Afdelingen Tranquebar, Kopibog over indkomne breve, 18. Dezember 1795.
[210] RAK, Asiatisk Kompagni, Faktoriet I Tranquebar, Kopibog over indkomne breve, Pelling & de Fries, 28. Juni.
[211] Ebd., 26. Mai 1779.

Meist überschnitten sich Interkontinental- und intra-asiatischer Handel der Asiatisk Kompagni. Ging ein Interkontinentalschiff aus Kopenhagen von Tranquebar weiter nach Serampore, so konnte dieses in Tranquebar nicht absetzbaren Alkohol weiter nach Bengalen transportieren.[212] In Zeiten, in denen der Markt in Tranquebar übersättigt war, versuchten einige wenige Interkontinentalschiffe, den Alkohol ebenso wie andere Handelsgüter direkt in Madras mit seinem großen Kreis europäischer Konsumenten abzusetzen. Das traf etwa auf die „Disco" zu, die Tranquebar Mitte 1790 während einer Absatzflaute erreichte. Bereits vor der Abreise in Kopenhagen, spätestens unterwegs, muss die Schiffsleitung von den schwierigen Absatzbedingungen erfahren haben und ließ das Schiff zunächst die Insel Mauritius anlaufen, wo sofort Kontakt zu örtlichen Handelshäusern aufgenommen wurde. Dabei gelang der Verkauf von zehn Oxhoft Branntwein und einem bescheidenen Keller Genever. Nach einem kurzen Aufenthalt in Tranquebar ging es mit dem örtlichen Kompaniekaufmann Johann Christian Pingel weiter nach Madras. Entgegen Pingels Hoffnung konnte Wein aber selbst dort nicht sofort losgeschlagen werden, so dass er 99 Kisten Rotwein, Firnwein sowie Rheinwein vom Handelshaus Michell, Amos & Bowden in Kommission nehmen ließ. Mit einer Restladung ging es für die „Disco" – sonst für Interkontinentalschiffe gänzlich unüblich – weiter über Masulipatnam nach Bengalen.[213] Das Informationsnetz der Asiatisk Kompagni funktionierte, und das nächste Schiff, das Serampore aus Europa erreichte, die „Prindsen af Augustenborg", führte keinen Alkohol mit.

Auf der wichtigen Route zwischen Tranquebar und Serampore verkehrten nicht nur die aus Kopenhagen kommenden Interkontinentalschiffe, sondern auch einige allein im intra-asiatischen Handel eingesetzten Kompaniefahrzeuge. Bereits in den 1760er Jahren gelangte auf diese Weise Wein nach Bengalen, wie 1760 insgesamt 600 Flaschen Rot- und 840 Flaschen Weißwein gemeinsam mit französischem Branntwein oder 1765 die Zahl von 10.000 und im darauffolgenden Jahr von 7.200 Flaschen jeweils mit der „Calicut" und der „Purpose". Die Mengen stiegen kontinuierlich an;

---

[212] RAK, Asiatisk Kompagni, Afdelingen i København, Skibsprotokol „Frederiksnagore", 12. März 1783.
[213] RAK, Asiatisk Kompagni, Faktoriet i Tranquebar, Kopibog over indkomne breve, Pingel, 17. Juli 1790; Skibsprotokol „Disco", passim.

so transportierte die „Dolphin" 1781 beachtliche 31.200 Flaschen Rotwein von Tranquebar nach Serampore.[214]

Leider erlauben die Rechnungsjournale keinen Aufschluss über die Käufer des von der Kompanie nach Serampore eingeführten Alkohols. Allenfalls lässt sich vermuten, dass die örtlichen dänischen Kaufleute ebenso wie britische Handelshäuser aus dem nahen Kalkutta den Großteil der Ware in jene bevölkerungsreiche britische Hauptbesitzung in Bengalen brachten. Der Direktverkauf scheint sich in aller Regel unproblematisch und ohne Verzögerung vollzogen zu haben, wobei die Kompanie großzügig mehrere Monate Kredit geben konnte.[215] Daher waren Auktionen anders als in Tranquebar unüblich. Lediglich in späteren Jahren, als sich der dänische Alkoholhandel ohnehin im Rückgang befand und die Napoleonischen Kriege auch in Bengalen ihre Schatten voraus warfen, erwies sich der Verkauf schwieriger. So fanden sich für die 50 Kisten Rotwein, die die „Princesse Louise Augusta" im Juli 1800 in Serampore anlandete, zunächst keine Käufer. Um eine Wertminderung der Getränke in Anbetracht der bevorstehenden heißen Jahreszeit zu verhindern, wurde erst jetzt eine Auktion angesetzt, die von der Asiatisk Kompagni in den Zeitungen Kalkuttas sowie vor Ort durch Aushang bekanntgemacht wurde und bei der zu einem niedrigeren Preis als ursprünglich erhofft immerhin fast alle Weinkisten losgeschlagen werden konnten.[216]

Arrak. Neben den aus Europa eingeführten alkoholischen Getränken besaß der in Indien, auf Ceylon und in der Insulinde hergestellte Arrak für das dänische Alkoholgeschäft ebenfalls größere Bedeutung. Die Bezeichnung „Arrak" ist aus dem Arabischen abgeleitet und findet in zweierlei Weise Verwendung: zum einen als vergorener Saft einer Palmenart, dann in einer breiteren Bedeutung als jegliches starkes, destilliertes alkoholisches Getränk. In Südindien kommt Arrak vor allem als Destillat von Palmwein vor.[217]

Schon die frühesten nach Ostindien ausreisenden Nordeuropäer beobachteten den Konsum von in Indien produzierten alkoholischen Getränken.

---

[214] RAK, Asiatisk Kompagni, Afdelingen i Tranquebar, Regnskabsjournal 26. August 1760; ebd. Afdelingen i Frederiksnagore, Regnskabsjournal, 11. September 1781.

[215] RAK, Asiatisk Kompagni, Afdelingen Frederiksnagore, Faktorei Serampore an Faktorei Tranquebar, 10. Dezember 1795.

[216] Ebd., 4. und 24. April 1800.

[217] Yule / Burnell, Hobson-Jobson, S. 36.

So beobachtete der Isländer Jón Ólafsson in den 1620er Jahren die Nutzung einer bestimmten Palmenart sowohl für die Herstellung von beschreibbaren Palmblättern als auch zur Gewinnung eines Getränks. Dabei würden die schmalen Blattspitzen zerrissen und aufgebrochen, woraufhin eine Flüssigkeit aus ihnen in Behälter tropfte. Bei letzterem irrt der Isländer aber, denn der Saft wurde durch Anritzen der Blüten gewonnen.[218]

Arrak war mit großer Wahrscheinlichkeit schon vor der Alkoholkonjunktur der 1770er und 80er Jahre in nennenswertem Umfang in Tranquebar präsent. Im ersten Geschäftsjahr der Asiatisk Kompagni wurde etwa aus Colombo importierter Arrak im Rechnungsjournal der dänischen Kolonie notiert.[219] Seit jener Zeit tauchte das Getränk regelmäßig in Tranquebar auf. Es wurde in großen Mengen eingeführt, aber auch im Rahmen des intra-asiatischen Handels von Tranquebar aus wieder reexportiert. Insgesamt lagen aber die Importe von Arrak im Zeitraum 1778–1807 mit 249.340 Rt.Tr.Cour. deutlich über den Exporten (73.127 Rt.Tr.Cour.), was auf einen erheblichen Binnenkonsum in Tranquebar selbst schließen lässt.[220] Darauf deutet auch das Umfüllen größerer Mengen. So importierte etwa Peter Baettger große Stückzahlen an leeren Flaschen aus Nagapattinam, die er mit Arrak befüllte.[221]

Insgesamt erwies sich der Umfang der Importe nach Tranquebar als außerordentlich ungleichmäßig, und eine klare Tendenz ist anhand der in den Seezollbüchern gemachten Angaben nicht erkennbar. Große Schwankungen zwischen einzelnen Rechnungsjahren rühren meistenteils aus unregelmäßigen, sehr großen Einzellieferungen. So erhielt der Kaufmann McIntosh am 27. Juli 1782 mit einer Schaluppe aus Colombo umgerechnet mehr als 15.000 l Arrak.[222] Im Gegensatz zum intra-asiatischen Handel mit europäischen Alkoholika wurde der Arrak in großem Maße auch von indischen Kaufleuten

---

[218] Temple (Hg.), Life of Jón Ólafsson, S. 140, S. 141, Anm. 1.

[219] RAK, Asiatisk Kompagni, Afdelingen i Tranquebar, Regnskabsjournal, 20. August 1733.

[220] In Tranquebar galt der standardmäßig auch in den Büchern verwendete Reichstaler Tranquebar Courant (Rt.Tr.Cour.), auf den 12 Fanam kamen. 2,3 Rt.Tr.Cour. entsprachen ungefähr 1 PN Pag.

[221] RAK, Det Kongelige Ostindiske Guvernement, Afdelingen i Tranquebar, Søtoldbog, 19. August 1782.

[222] Ebd., 29. Juli 1783.

umgeschlagen. So importierten etwa im Rechnungsjahr 1780/1781 indische Kaufleute für insgesamt 4.336 Rt.Tr.Cour. Arrak, während die europäischen Unternehmer dieses Getränk im Wert von 5.906 Rt.Tr.Cour. einführten.[223]

Tabelle 7: Import von Arrak nach Tranquebar 1780/1781

Herkunftsort	Wert (Rt.Tr.Cour.)
Aceh	5.599
Nagapattinam	1.020
Nagore	711
Kedah	560
Karikal	349

Es fällt am Beispiel des Rechnungsjahrs 1780/1781 auf, dass Arrak sowohl aus Südostasien als auch aus der unmittelbaren Umgebung Tranquebars eingeführt wurde. Der hohe Wert für Importe aus dem auf Sumatra gelegenen Aceh ergibt sich aus zwei außerordentlich großen Lieferungen. Demgegenüber waren der Wert der Einzellieferungen aus Nagore, Nagapattinam oder Karikal deutlich geringer.

In den dänischen Kolonien wurde Arrak auch selbst produziert. Wie der Zensus von 1790 für Tranquebar zeigt, existierten in den indischen Stadtvierteln der Kolonie mehrere Produktionsstätten.[224] In den 1840er Jahren wurde in Serampore eine von Steen Bille als „Rum- und Zuckerfabrik" bezeichnete Lokalität genannt, die die Annahme nahelegt, dass in der kleinen dänischen Kolonie in Bengalen nach dem Vorbild Dänisch-Westindiens aus bengalischem Rohrzucker auch Rum hergestellt wurde.[225]

---

[223] Ebd., 1780/1781.
[224] RAK, Det Kongelige Ostindiske Guvernement, Mandtal over Indbyggerne i Tranquebar og Landsbyerne, 1790.
[225] Bille, Galathea, Bd. 1, S. 126.

Konsum

Konsum an Bord. Alkoholische Getränke stellten für den dänischen Asienhandel nicht nur ein stetig an Bedeutung gewinnendes Handelsgut dar, sondern sie spielten auch als Genussmittel in der kolonialen Alltagswelt Dänisch-Ostindiens eine große Rolle. Das galt sowohl für den Konsum an Land als auch für die interkontinentale und intra-asiatische Schifffahrt. Für die langen Seereisen mussten die Schiffsbesatzungen auskömmlich versorgt werden – einerseits, um deren Kraft und Einsatzbereitschaft zu erhalten, andererseits auch um ein gewisses Maß an Zufriedenheit zu generieren und damit Ungehorsam oder gar Unruhen vorzubeugen. Nicht umsonst firmiert die für die Überfahrt bestimmte Provision in dieser Doppelfunktion in den Quellen als „Erfrischung" (*Forfriskning*).

Die Schiffsprotokolle dokumentieren in einigen Fällen, in welchem Umfang Nahrungsmittel sowie Wasser und Alkohol vor Abfahrt an Bord gebracht wurden. Die Mitnahme von Gemüse wie Kohl, Karotten, seit den 1780er Jahren auch Kartoffeln sowie überhaupt „allerhand Grünzeug" (*allerhand grønt*) deutet für den Untersuchungszeitraum auf ein gewisses Erfahrungswissen, dass mit vitaminreicher Kost Mangelerscheinungen vorgebeugt werden konnte.[226] Neben Gemüse und eingepökeltem Fleisch gingen auch Schlachttiere mit auf die Reise, wie 1785 mit der „Castellet Dansborg" 199 Hühner, 40 Enten, 6 Truthähne, 34 Ziegen und 16 Schweine.[227]

---

[226] RAK, Asiatisk Kompagni, Afdelingen i København, Schiffsprotokoll „Castellet Dansborg", 30. August–4. September 1785.
[227] Ebd.

Sorgfältig wurde dabei zwischen gewöhnlicher Kost für die Mannschaft und den hochwertigeren Nahrungsmitteln für den Kapitänstisch unterschieden. So gab es für erstere etwa das günstigere „hausgebackene Brot" (*huus bagede brød*), während feines, teureres Brot der Schiffsleitung und höhergestellten Passagieren in der Kajüte vorbehalten blieb.[228] Kontrolliert wurde der Bestand an Nahrungsmitteln einschließlich des Provisionsalkohols vom Boutellier, der dem Schiffsassistenten gegenüber rechenschaftspflichtig war.[229]

Wasser stellte das wichtigste Getränk auf allen Seereisen dar. Teils bereits während der Fahrt durch den Öresund bei Helsingör, spätestens aber während der Zwischenhalte auf Madeira, den Kapverdischen Inseln oder am Kap wurden regelmäßig leere Wassertonnen an Land gebracht und dort wieder aufgefüllt. Gleichzeitig kamen unterwegs Brot, frisches Obst wie Zitronen oder Guaven und wiederum eingepökeltes Fleisch und lebende Tiere an Bord.[230]

Trotz eines breiten Wissens über die bestmögliche Konservierung des Trinkwassers unterlag dieses auf der langen Seereise durch warme Weltgegenden oft einem unvermeidlichen Prozess der Verderbnis.[231] Als Ergänzung zur täglichen Wasserration spielte entsprechend Alkohol eine große Rolle. Dieser stellte ein hygienisch sicheres Lebensmittel dar und dürfte während des harten Seemannsalltags als belebendes, nicht selten aber auch als berauschendes Getränk willkommen gewesen sein. Vorbild bei der Verproviantierung war in der Anfangszeit die niederländische VOC. Schon 1603 hatte diese eine durchschnittliche Ration von umgerechnet 172 l spanischem, 92 l französischem, 0,3 l portugiesischem Wein und 0,2 l Branntwein je Besatzungsmitglied für die Hin- und Rückfahrt nach Ostindien festgelegt, wobei die Dominanz des Weins deutlich auffällt.[232] Die absolute Menge der insgesamt als Proviant mitgeführten Alkoholvorräte hing dabei nicht nur von der Besatzungsstärke, sondern auch der Dauer der Reise ab. Letztere verringerte sich im Laufe der Zeit nicht nur bei der VOC, sondern auch bei den Dänen deutlich. Benötigten die ersten dänischen Ostindienfahrer bis 1639

---

[228] RAK, Asiatisk Kompagni, Afdelingen i København, Schiffsprotokoll „Princesse Charlotte Amalia", 17. Januar 1744.

[229] Gøbel, Mellem København og Tranquebar, S. 39.

[230] Z.B.: auf den Kanarischen Inseln: RAK, Asiatisk Kompagni, Afdelingen i København, Schiffsprotokoll „Castellet Dansborg", 24. Februar 1785.

[231] Henningsen, Sømandens drikkelse, passim.

[232] Nozawa, Reshipment of European Wines, S. 288.

durchschnittlich 541 Tage von Kopenhagen bis Tranquebar, so waren es 1668–1732 lediglich 301 und 1732–1792 nur noch 226 Tage. 1792–1807 brauchte ein dänisches Kompanieschiff im Durchschnitt 207 Tage nach Indien.[233] Während sich die Fahrtdauer von Beginn an recht genau ermitteln lässt, gilt das für die Besatzungsstärke der frühen Ostindienfahrer nicht. Erst seit der Gründung der Asiatisk Kompagni ist jene im sogenannten „Rullebog" komplett überliefert. Die Zahl der Besatzung hing notwendigerweise mit der Größe des Schiffes zusammen. Hatte ein kleiner Indienfahrer von 100 Kommerzlasten wie die „Tranquebar" 1781 lediglich 43 Mann an Bord, so betrug jene der um ein Vielfaches größeren Chinaschiffe wie der „Mars" aus demselben Jahr mehr als das Dreifache.[234]

Die Verpflegung für unterwegs war offiziell streng von der Handelsware getrennt, was vom Schiffsassistenten beim Beladen und unterwegs genau kontrolliert werden sollte.[235] Für die im Untersuchungszeitraum etwa sechs- bis siebenmonatige Seereise von Kopenhagen nach Tranquebar entwickelte sich eine recht genaue Vorstellung von der Menge der an Bord für die Überfahrt benötigten Alkoholika, wobei eine signifikante Überschreitung der Fahrtdauer zu Problemen führen konnte. Für die korrekte Austeilung der Getränke war einmal mehr der Schiffsassistent verantwortlich. Bei der von ihm veranlassten Distribution der Rationen wurde davon ausgegangen, dass die Seeleute selbst einen kleinen, privaten Vorrat an hochprozentigem Alkohol mit an Bord brachten, denn die erste Ausgabe von Branntwein durfte – zumindest der Theorie nach – frühestens zwei Wochen nach Abreise stattfinden. In der darauffolgenden Woche, wie etwa in der Instruktion für die „Kronprindsessen af Danmark" (1748–1750) festgelegt wurde, sollte dreimal, in der nächsten Woche nur noch zweimal und anschließend jeweils einmal wöchentlich Branntwein ausgegeben werden.[236] Daneben durfte der Kapitän in begrenztem Umfang auch auf eigene Rechnung Alkohol verkaufen. So setzte Kapitän Wilken von der „Frederiksnagore" 1782 auf der Hinreise

---

[233] Gøbel, Danish Companies' Shipping, S. 104 f.
[234] Asiatisk Kompagni, Afdelingen i København, Rullebog, 1781–1785.
[235] Instruktion für den Schiffsassistenten der „Kronprindsessen af Danmark", Reinhart Ziervogel, in: Gøbel, Mellem København og Tranquebar, S. 128.
[236] Ebd., S. 128.

nach Tranquebar über die regulären Rationen hinaus 4 Fass französischen Branntwein ab.[237]

Demgegenüber gehörte das verderblichere Bier vom ersten Tag an zur täglichen Nahrung und wurde schneller verbraucht als der Wasservorrat. Eine Woche nach Abreise aus Kopenhagen waren etwa auf der „Castellet Dansborg" 1785 bereits 10 Oxhoft, einschließlich 2 Oxhoft Bier für den Kapitänstisch, verbraucht, während das erste Wasserfass zu jenem Zeitpunkt gerade erst geöffnet wurde.[238] Bei einer Besatzung von 84 Mann und zwei Passagieren ergibt sich damit ein täglicher Bierkonsum von durchschnittlich 3,7 Litern pro Person zu Beginn der Reise. Dabei reichte das Bier längst nicht immer für die gesamte Überfahrt und musste teils schon auf dem Atlantischen Ozean gestreckt werden. Auf der „Castellet Dansborg" waren die aufgenommenen 40 Oxhoft Mannschaftsbier bereits vor den Kapverdischen Inseln verbraucht, wobei sich der letzte Behälter ohnehin als fast komplett leckgeschlagen erwies.[239] 20 Oxhoft Kajüten-Bier waren knapp zwei Monate später, am 17. Januar 1786, noch vor Erreichen des Kaps der Guten Hoffnung, konsumiert.[240] Passagiere und Schiffsleitung kamen auch anschließend in den zusätzlichen Genuss von Weiß- und Rotwein. Wurde der für die Kajüte bestimmte Provisionswein bei einer unerwartet langen Überfahrt ebenfalls knapp, bediente sich der Schiffsassistent entgegen der Instruktion gelegentlich bei der regulären Fracht.[241] Für die gemeine Besatzung blieben dann nur noch Wasser und Branntwein.

Der übermäßige Konsum von Alkohol war trotz der festen Rationen ein weit verbreitetes Problem auf See, denn jener konnte getauscht oder verkauft werden. Es waren gerade Soldaten und Seeleute, denen oft eine besondere Empfänglichkeit für Alkohol nachgesagt wurde.[242] Nicht immer ist dabei allerdings zweifelsfrei zwischen Stereotyp und Realität zu trennen. Für eine

---

[237] RAK, Asiatisk Kompagni, Afdelingen i Tranquebar, Regnskabsjournal, 1. September 1782.

[238] Z.B.: RAK, Asiatisk Kompagni, Afdelingen i København, Schiffsprotokoll „Castellet Dansborg", 30. August–11. September 1785.

[239] Ebd., 24. November 1786.

[240] Ebd., 17. Januar 1786.

[241] Ebd., 27. März, 11. Mai 1786.

[242] Sournia, History of Alcoholism, S. 6 f., 57 f., 109–112; Peers, Imperial Vice, S. 25–52; Spear, The Nabobs, S. 19.

solche Sichtweise finden sich auch auf dänischer Seite schon früh Hinweise. So legte bereits die erste Ostindisk Kompagni 1639 in einer auch nach 1732 mehrfach erneuerten Anweisung fest, dass jeder Fall von Trunkenheit unter der Mannschaft an Bord mit dem Einbehalten eines Monatsgehaltes sowie – je nach Schwere des Falles – weiteren, nicht näher spezifizierten Strafen zu ahnden sei. Die der Abschreckung und der Ordnung an Bord dienende Regel wurde vor Ausfahrt des Schiffes, aber auch während der Überfahrt zur Erinnerung immer wieder verlesen.[243] Trotz der fortwährenden Strafandrohungen kam es jedoch immer wieder zu Alkoholmissbrauch an Bord und während der Landgänge. Schon das von den Zeitgenossen als „tavern of the sea" bezeichnete Kapstadt, wo während der langen Überfahrt nach Indien gelegentlich ein Zwischenstopp eingelegt wurde, war berühmt-berüchtigt für sein soziales Umfeld und seine damit verbundenen Versuchungen.[244]

Konsum in Tranquebar. Der Konsum von Alkohol durch die Europäer innerhalb der Kolonialgesellschaft stellt eine aus der Heimat mitgebrachte soziale Praxis dar. Im Europa der Frühen Neuzeit konsumierten vor allem männliche Angehörige der sozialen Ober- und Mittelschichten regelmäßig und manchmal sogar täglich Wein und den hochprozentigen Branntwein, was auch für Dänemark galt. Als dominierendes Alltagsgetränk unterer gesellschaftlicher Gruppen fungierte hingegen Bier. Für das Dänemark des 17. und frühen 18. Jahrhunderts werden etwa 4 l Bier pro Tag und Erwachsenem angenommen, was dem genannten täglichen Konsum der Seeleute von 3,7 l zu Beginn der Überfahrt sehr nahekommt, für Kinder wurden immerhin noch etwa 2 l berechnet. Im Falle des Branntweins mit einem Alkoholgehalt von meist um die 47 % waren es durchschnittlich 0,1 l pro Person und Tag.[245] Für frühere Zeiten fehlen genauere Untersuchungen und Daten.

Angesichts der großen Bedeutung von Alkohol für den dänischen Asienhandel überrascht seine Relevanz auch im Alltag der Kolonialgesellschaft Tranquebars und Serampores nicht. Jener wurde von Europäern und Indern

[243] Bredsdorff, Willem Leyel, S. 40; vgl. auch ganz ähnlich die entsprechende Anweisung aus der Frühzeit der Asiatisk Kompagni in: Gøbel, Mellem København og Tranquebar, S. 90.
[244] Zum Bild der Taverne des Meeres: Ward, „Tavern of the Seas"?, S. 137–153; zur Sozialstruktur auch Worden u.a.: Cape Town, S. 49–70, 78 f.
[245] Friis, Æde og drikke, S. 426 (Bier), 429 (Wein).

konsumiert, konnte gleichzeitig aber auch als Geschenk oder Tauschobjekt dienen. Zudem fand er beim Abendmahl Verwendung, wie beispielsweise 30 Flaschen Wein, die im August 1769 zum Einkaufspreis von der Kompanie an die Zionskirche in Tranquebar gingen.[246] Flensburger Branntwein wurde wiederum für medizinische Zwecke genutzt.[247] Ebenso profitierte die lokale Obrigkeit von Zolleinnahmen, die sich in den Eintragungen der Seezollbücher widerspiegeln; und jene hatte entsprechend nur wenig Interesse an der Regulierung des Konsums vor Ort – es sei denn, die öffentliche Ordnung und damit auch der Kolonialhandel oder die Ausübung der kolonialen Macht wurden durch Trunkenheit gestört.[248]

Während sich Bier oft als höchst verderbliche Ware erwies, gehörte französischer Wein von Beginn an zur Verpflegung der dänischen Besatzung in der Festung Dansborg. Jón Ólafsson berichtet über den dritten Tag nach seiner Ankunft in Tranquebar, dass er nach der täglichen Hauptmahlzeit Wein erhalten habe. Die sonstige Verpflegung bestand morgens aus in Milch gekochtem Reis, später am Tag aus Fisch, Schweine- und Ziegenfleisch sowie aus verschiedenen Geflügelsorten. Im Jahre 1640 ließ der dänische Kapitän Claus Rytter vor einer Reise nach Masulipatnam den lokalen wie den europäischen Soldaten in der Festung Dansborg einen Geldbetrag ausdrücklich für den Erwerb von Arrak zukommen, um sie während seiner Abwesenheit bei Laune zu halten.[249]

Ein umfangreicherer Konsum konnte sich allerdings erst im Zuge der Entstehung einer komplexeren Kolonialgesellschaft im Laufe des 18. Jahrhunderts herausbilden, wobei alkoholische Getränke auf unterschiedlichem Wege in die Haushalte gelangten. Größere Einzelpartien wurden bei der Asienkompanie oder bei privaten Kopenhagener Handelshäusern lange Zeit im Voraus vorbestellt. Daneben konnten die Konsumentinnen und Konsumenten Alkohol vor Ort auf den Kompanieauktionen ebenso wie aus der Freifracht von Besatzungsmitgliedern erwerben. Während Bier in Tranquebar fassweise verkauft wurde und Wein ohnehin in Flaschen aus

---

[246] RAK, Asiatisk Kompagni, Afdelingen i Tranquebar, Regnskabsjournal, 31. August 1769.

[247] RAK, Asiatisk Kompagni, Afdelingen i Tranquebar, Regnskabsjournal, 30. August 1740.

[248] Allgemein: Hames, Alcohol in World History, S. 46–62; Phillips, Alcohol, S. 219–222.

[249] Bredsdorff, Willem Leyel, S. 84.

Europa kam, musste Madeira ebenso wie Arrak dabei aus den großen Fässern in Flaschen umgefüllt werden.[250]

Kleinere Mengen wurden im Detailverkauf erworben. In Tranquebar existierte ein sogenannter *Dranck-Forpagter* – der Pächter einer Verkaufskonzession für alkoholische Getränke aus Europa, für Arrak sowie Essig. Die Konzession wurde im Abstand von jeweils fünf Jahren öffentlich versteigert, wobei die Konzession oft an aktive oder ehemalige Militärangehörige ging.[251] Am 1. August 1740 erhielt sie etwa der Soldat Anthon Friderich für jährlich 233 Rt. Tr.Cour., zehn Jahre später der freie Einwohner Andreas Hirschholm für denselben Betrag und zum 1. August 1769 für 332 Rt.Tr.Cour. der vormalige Premierleutnant Michael Sundt.[252]

In Tranquebar wie in den anderen europäischen Handelsplätzen wurde Arrak zudem in nicht konzessionierten, von Einheimischen betriebenen Alkohol-Verkaufsständen abgesetzt.[253] Jene sogenannten *Brændevins-skænker* ergänzten den privilegierten Absatz europäischen Alkohols. Der Zensus von 1790 nennt für Tranquebar fünf solcher Branntwein-Ausschenker. Während etwa ein gewisser Rama Naik sein Geschäft in der von ärmeren europäischen und indischen Haushalten geprägten Admiralgade unterhielt, lokalisierten sich die übrigen Ausschankstätten im nordöstlichen, indischen Teil Tranquebars um die heute längst im Meer untergegangene Bazargade.[254]

Auch wenn sich der Alkoholgenuss in den dänischen Besitzungen durch das Fehlen einschlägiger Quellen nicht quantifizieren lässt, deutet doch eine spezifische materielle Kultur auf dessen große Bedeutung. So kann anhand einiger erhaltener Haushalts- und Nachlassinventare aus dem Tranquebar der Zeit um 1800 der Besitz von Gläsern nachgewiesen werden. Am häufigsten sind dabei Wassergläser festzustellen. Hinzu kamen je nach Haushaltsgröße zwischen 3 und 24 Weingläser, wobei einem wohlhabenden gewissen Herrn Brouwer auch 186 Champagnergläser gehörten. Biergläser waren weniger gebräuchlich, was die eher geringe Bedeutung des Bierkonsums

---

[250] RAK, Asiatisk Kompagni, Afdelingen i Tranquebar, Regnskabsjournal, 31. August 1769.

[251] Ebd., 3. Juli 1769.

[252] Ebd., 1. August 1740, 1. August 1750 und 1. August 1769.

[253] Diary of Rangappa Thiruvengadam Pillai, 19. Oktober 1761, S. 11.

[254] RAK, Det Kongelige Ostindiske Guvernement, Mandtal over Indbyggerne i Tranquebar og Landsbyerne, 1790.

widerspiegelt.[255] Das Inventar des Gouverneursgebäudes in Tranquebar von 1846 weist 6 Karaffen, 34 geschliffene Wassergläser mit Fuß, 1 geschliffenes Wasserglas ohne Fuß, 6 geschliffene Rotweingläser, 59 Champagnergläser in drei verschiedenen Formen sowie 35 Rheinweingläser auf.[256] Dabei erscheint die Zahl der Rotweingläser vor dem Hintergrund der Dominanz des Rotweins als etwas zu gering. Es lässt sich nur spekulieren, dass sich solche in etwas größerer Zahl im Privatbesitz des letzten dänischen Gouverneurs befunden hatten und von diesem bei der Übergabe der Kolonie an die Briten 1845 vielleicht mit nach Hause genommen wurden.

Der Konsum von Alkohol war in spezifische Soziabilitäten, Trinkkulturen und gemeinschaftsbildende Rituale eingebunden. Angesichts der Tatsache einer generellen numerischen Unterrepräsentation von Europäern und noch stärker europäischen Frauen in der kolonialen Gesellschaft, einem vermutlich damit verbundenen Gefühl von Einsamkeit und Fremdheit, manchmal gar auch Überforderung, dem oftmals fehlenden regelmäßigen Kontakt nach Europa, der zuweilen vorherrschenden Monotonie und der teuren und langwierigen und deshalb meist fehlenden Möglichkeit nach Europa zurückzukehren, waren soziale Verbindungen vor Ort von noch größerer Bedeutung als in Europa.[257] Hierauf deutet auch ein längerer Brief des dänischen Gouverneurs in Tranquebar, Peter Anker, an einen Cousin in Norwegen aus dem Jahr 1790. Darin beschreibt ersterer nicht allein die klimatischen Bedingungen und die Gesellschaftsstrukturen, sondern auch vergleichsweise ausführlich die obrigkeitliche Festkultur vor Ort.[258]

Nach Ankers Aussage gab es gerade zum Genuss europäischen Weins in der kleinen dänischen Kolonialgesellschaft viele Gelegenheiten. Pünktlich ab ein Uhr mittags pflegte der Gouverneur eine Stunde lang zu speisen und

[255] TNA, Danish Records, 1172–1174, passim; Krieger, Wohnkultur in Tranquebar um 1800, S. 184.
[256] RAK, Det Kongelige Ostindiske Guvernement, Bilag til Guvernementets Kasseregnskab, 1845–1849, Fortegnelse over det Kongelige Inventarier ved Gouvernementshuset, 20. März 1846.
[257] Holt, Introduction, S. 5 f.; RAK, Det Kongelige Ostindiske Guvernement, Mandtal over Indbyggerne i Tranquebar og Landsbyerne, 1790: Von den 3.721 Einwohnern im dänischen Tranquebar waren lediglich 223 Europäer. Bredsdorff, Willem Leyel, S. 106; Delfs, Dänisch-Englisch-Hallesche Indienmission, passim; vgl. hierzu auch Robb, Sentiment and Self, S. 18 f.
[258] Arnesen (Hg.), Brevet fra Trankebar, S. 22 ff.

bewirtete dabei regelmäßig fünf oder sechs Gäste auch mit Wein. Abends um neun Uhr wurde diniert, wozu vermutlich noch einmal Wein gereicht worden sein dürfte. Darüber hinaus gab Peter Anker in gewissen Abständen größere Dinés und jeweils Sonntag abends „nach alter Gewohnheit" ein Souper für die distinguierten Damen und Herren der Kolonie, zu dem sich nicht selten 40–50 Gäste einzufinden pflegten. Hier wurde nach Musik und Kartenspiel abends um zehn Uhr gespeist. Bis in den darauffolgenden Morgen dauerte zudem gewöhnlich der Empfang anlässlich des Geburtstags ihrer königlichen Hoheit.[259]

Auch die Herrnhuter Missionare notierten, dass es innerhalb der Kolonialgesellschaft häufig sogar mehrmals am Tag zu von Wein begleiteten Kontakten kam, seien es die Einladung zum Tee oder Kaffee am Morgen wie am Nachmittag, zum Mittag- oder Abendessen, zu einer Willkommens- oder Abschiedsfeier, zur Gartenbesichtigung oder – für pietistische Missionar eher ungewöhnlich – zur Teilnahme an einem Ball, einem Konzert und großen Gesellschaften oder auch an Taufen, den eher raren Hochzeiten und den wiederum nicht seltenen Beerdigungen mitsamt Leichenschmaus. Die Herrnhuter in Serampore erwähnten einmal ausdrücklich, der dänische Resident Ole Bie habe ihnen vor ihrer bevorstehenden Abreise zum Abschied zugetrunken.[260]

Daneben existierten weitere Anlässe, wie die überaus beliebten und zum Zeitvertreib oder schlicht zur Bestreitung des Lebensunterhaltes zahlreich betriebenen Glücksspiele, die häufig mit Alkoholkonsum in Verbindung standen.[261] Auch die Missionare erwiesen sich dagegen nicht als immun. So musste sich der dem Alkohol stark zusagende Dänisch-Englisch-Hallesche Missionar Lambert Christian Früchtenicht gegen den Vorwurf der Teilnahme an solchen Spielen im dänischen Serampore verteidigen.[262] Sein Verhalten sei – so sein Kollege John in einem Brief – derart exzessiv gewesen, „daß auch

---

[259] Ebd.
[260] UAH, R 15 Tb3 Diarien von Bengalen, 1776–1792, Eintrag vom 7. Februar 1792; Delfs, „What shall become".
[261] Zum Glückspiel als „one of the passions of Bengal society" vgl. Ghosh, The Social Condition of the British Community in Bengal, S. 136 f.; Delfs, Dänisch-Englisch-Hallesche Indienmission, S. 89.
[262] RAK, Missionskollegiet og Direktionen for Vajsenhuset, 1738–1808, Indkomne Sager ang. den Ostindiske Mission, 1793–1799, Früchtenicht an Missionare, 9. Oktober 1799.

sogar Engländer von Ihnen gar nicht vortheilhaft geschrieben". Aber auch hinsichtlich Tranquebars brachte John Alkohol und Glücksspiel miteinander in Verbindung, indem er an Früchtenicht auch die ermahnenden Zeilen richtete: „Ich bitte aber sehr diese historische Nachricht zu desto mehrerer Vorsicht bey Ihrer Ankunft in *Trankenbar* anzuwenden und den Versuchungen zum Trinken und Spielen, die Sie auch hier finden, sorgfältig auszuweichen".[263]

Dass sich gerade Wein in den Haushalten Tranquebars zum repräsentativen und abgrenzenden Statussymbol entwickelte, belegt die anhand der Nachlassinventare deutlich werdende, teils vergleichsweise große Bevorratung mit Flaschen.[264] Bei einem Herrn Monier wurden in der Zeit um 1800 nach dessen Tod 132 Flaschen Rotwein und 248 Flaschen Weißwein, bei einem Herrn Wodschow immerhin noch 120 Flaschen Rotwein und 144 Flaschen Weißwein entdeckt.[265] Unter den konsultierten Quellen finden sich andererseits keine Hinweise darauf, an welchem Ort der Wein im feuchtheißen Klima der Koromandelküste in den Privathaushalten gelagert wurde. Immerhin ließ Missionar Schultze 1750 in dem fiktiven Gespräch eines Europäers mit seinem lokalen Dolmetscher in Madras verlauten, im Keller des Übersetzers seien für die Bewirtung von Gästen noch vier Flaschen Bier, 12 Flaschen Rotwein, 9 Flaschen Sekt und 100 Flaschen Madeira-Wein vorhanden.[266] Dass derartige Keller auch in Tranquebar existierten, lässt sich nur vermuten.

Konsum durch die einheimische Bevölkerung. Im Vergleich mit den Europäern bildete die lokale indische Bevölkerung hinsichtlich des Alkohols eigenständige Konsummuster heraus, worauf bereits der hohe Anteil des Arraks unter dem Alkoholumschlag indischer Kaufleute deutet.[267] Dabei korrespondiert die Realität nicht mit dem langläufigen Bild von der vermeintlichen Abstinenz der Inder. So vertraten die Missionare und auch gelegentlich andere Europäer gern die Meinung, die Inder tränken insbesondere aus

---

[263] Ebd., John an Früchtenicht, 4. Oktober 1799, (Hervorhebung im Original).
[264] Phillips, Alcohol, S. 159.
[265] Krieger, Material Culture, Knowledge, and European Society in Colonial India, S. 60 f.
[266] Schultze, Die auf der Küste Coromandel in Ost-Indien befindliche grosse und berühmte Stadt der Englischen Nation Madras, S. 10.
[267] Vgl. zu diesem Abschnitt Delfs, „What shall become", S. 70 f.

religiösen Gründen überhaupt keinen Alkohol.[268] Auf geradezu dichoto-
mische Weise steht der niederländische Indienreisende Jakob Haafner für
diese romantische Denkrichtung, wie es bei ihm 1785 in Abgrenzung zu
den Europäern heißt: „Was für ein Unterschied zwischen diesen rüden,
ungebundenen Wollüstlingen und den mäßigen, sanftmütigen und men-
schenliebenden Indern oder Hindus! Dieser, der nur Wein und in Alkohol
aller Art schwelgt, ... jener der sich nur mit Wasser begnügt ..."[269] Eine
ähnlich pauschale Gegenüberstellung findet sich ebenfalls bei dem sonst
vergleichsweise ausdifferenziert argumentierenden Asienreisenden Carsten
Niebuhr.[270] Die Dänisch-Englisch-Halleschen Missionare stellten 1778 gar
fest, es seien überhaupt erst die Europäer mit ihrem vermeintlich (oder
real) liederlichen Betragen, welche die lokale Bevölkerung zu massivem
Alkoholkonsum verführten.[271]

Hinter letzteren Vorstellungen, die eine romantisierende Indienvorstellung
bedienen, steht der Versuch, ein Gegenbild zu den sich im Blick der Missionare
vermeintlich schändlich verhaltenden Europäern zu schaffen und auf diese
Weise die Mission zu legitimieren; denn nur so könnten die vorgeblich
leicht beeinflussbaren Inderinnen und Inder vor den negativen europäischen
Einflüssen geschützt werden.[272]

Das Bild des abstinenten Inders entsprach einer brahmanischen Sicht, die
in den heiligen altindischen Schriften ihren Ausdruck fand und Alkohol als
unrein definierte, obwohl er durchaus für rituelle, erotisierende und medizinische Zwecke genutzt wurde. Einer historischen Überprüfung wird der

---

[268] Vgl. die Hinweise zur Aktualität dieser Sichtweise und zur Nutzung im
Unabhängigkeitskampf bei Tschurenev / Fischer-Tiné, Indian Anomalies?, S. 1 f.

[269] Haafner, Reise, S. 28 f.

[270] Niebuhr, Reisebeschreibung nach Arabien und andern umliegenden Ländern, S. 448 f.,
457, 462, 466 f., 486 f.

[271] NHB, 2, 21. Stück (1783), S. 1134 und HB, 11. Cont., S. 944.

[272] Ähnliche und doch andere Bilder finden sich bereits in der Antike bei den Griechen
und Römern. Einige „Barbaren" erklärte man zu enthaltsamen Vorbildern, während
man andere zu geradezu maßlosen Trinkern stilisierte, um damit die eigene Zivilisation
zur Überlegenen zu erklären. Vgl. Kaiser, Trunkenheit und Gewalt im Mittelalter,
S. 34 f.

Standpunkt einer vollständigen indischen Abstinenz aber nicht gerecht, existieren doch belegbare Beispiele traditioneller lokaler Alkoholproduktion, lokalen Alkoholkonsums, und -handels.[273] Auch innerhalb der Mitarbeiterriege der DEHM in und um Tranquebar lassen sich mit einem Titus, Timotheus und Rajanayakkan Fälle von Alkoholmissbrauch finden. Timotheus starb 1726 wahrscheinlich an den Folgen seines übermäßigen Konsums.[274]

---

[273] Fischer-Tiné, Low and Licentious Europeans, S. 113 f. sowie Mills / Barton: Introduction, S. 1, 7, 11; Chatterjee, Lives of Alcohol, S. 210 und McHugh, Alcohol in Pre-modern South Asia, S. 29–45; Jeyaraj, Bartholomäus Ziegenbalg, S. 157.

[274] Liebau, Mitarbeiter, S. 154; Nørgaard, Mission und Obrigkeit, S. 193; Jeyaraj, Bartholomäus Ziegenbalg, S. 136.

Alkoholmissbrauch und Gesundheitsdebatte

Missbrauch. Missbrauch von Alkohol war sowohl an Bord der dänischen Interkontinentalschiffe als auch in den Handelsplätzen am Indischen Ozean allgegenwärtig. Die Quellen berichten in ihrer je eigenen Wahrnehmung immer wieder von sozial abweichendem Verhalten, gleichzeitig aber auch von den Versuchen der weltlichen Obrigkeit und der Mission, jenes einzudämmen. Nur ansatzweise lässt sich anhand solcher Versuche aber ein systematisches Konzept ausmachen, Alkoholismus generell zu bekämpfen. Hierin wird eine von Philip J. Stern auch hinsichtlich der frühen englischen East India Company beschriebene Ambivalenz deutlich: Alkohol versprach einerseits Einnahmen und Profit, wurde von der weltlichen Obrigkeit eingesetzt, um das Leben und die Arbeit bestimmter Bevölkerungsgruppen (wie beispielsweise der Soldaten und Seeleute) zu erleichtern, besaß aber zugleich ein erhebliches Potential für die Bedrohung von Handel, Herrschaft und Mission, wenn die öffentliche Ordnung durch Trunkenheit gestört wurde oder man auch nur Angst vor einer solchen Störung hatte.[275]

Schon die ersten beiden dänischen Geistlichen, Niels Andersen Udbyneder und Christen Pedersen Storm, die in der Festung Dansborg den dänischen Gottesdienst bestritten, bereiteten der Kolonialobrigkeit in den 1640er Jahren mit ihrer Trunkenheit große Probleme. Nach der lückenhaften, von Asta Bredsdorff aufgearbeiteten Quellenüberlieferung konsumierten beide regelmäßig große Mengen des starken Arraks und verführten darüber hinaus dänische Soldaten zu ihren Gelagen; mehr noch: zu Udbyneder ist überliefert,

---

[275] Stern, Alcohol and the Ambivalence.

dass er bisweilen bei Tage betrunken und mit einem großen Schwert bewaffnet durch Tranquebar lief und Mensch wie Tier bedrohte, verletzte sowie Sachbeschädigung verursachte. Beiden Geistlichen wurde überdies vorgeworfen, indische Frauen, einschließlich Sklavinnen, misshandelt und – im Falle Udbyneders – sogar getötet zu haben.[276]

Storm soll wiederum versucht haben, unter anderem einen Seemann namens Lauridsen zu überreden, ein vollbeladenes Handelsschiff zu kapern. Nachdem letzterer dieses Ansinnen abgelehnt hatte, habe Storm versucht, ihn des Nachts zu ermorden. Während einer nachfolgenden Gerichtsverhandlung leugnete der Geistliche die Vorfälle, wurde anschließend der Folter zugeführt und habe am Ende doch ein umfassendes Geständnis abgelegt. Storm wurde zum Tode verurteilt und hingerichtet. Auch die Vorfälle um Udbyneder wurden gerichtlich untersucht. Bei ihm endete das Verfahren 1645 ebenso mit der Verurteilung zum Tode durch das Ertränken im Meer. Im Unterschied zu Storm wurde Udbyneders Urteil jedoch abgemildert, da sich verschiedene indische und europäische Bewohner für ihn eingesetzt hatten. Der Geistliche wurde schließlich verbannt und an der Küste Ceylons ausgesetzt.[277]

Während der Mangel an einschlägiger Quellenüberlieferung zum 17. Jahrhundert weitere ähnliche Vorfälle allenfalls vermuten lässt, beobachteten die 1706 Tranquebar erreichenden Halleschen Missionare Alkoholismus als tiefgreifendes soziales Problem der Kolonialgesellschaft. Nach einem 1717 unter dem Titel „Was die Malabaren an denen Blancken für Sünden erkennen?" in den „Hallischen Berichten" veröffentlichten Text beschwerten sich Angehörige der lokalen Bevölkerung über das vermeintlich (oder real) mehr als missliche Verhalten der Europäer und beklagten deren Missachtung der von ihnen selbst gepredigten christlichen Gebote. Die Europäer würden im Blick der Tamilen „huren", spielen, sich schlagen, sich gegenseitig umbringen und eben auch häufig exzessiv trinken.[278] Wenngleich die publizierten Missionsberichte mit Vorsicht zu lesen sind, stimmen sie doch bei allen potenziell interessengeleiteten Übertreibungen in vielerlei Hinsicht mit den Beobachtungen anderer Europäer und auch den nicht veröffentlichten

---

[276] Bredsdorff, Willem Leyel, S. 106–119.
[277] Ebd., S. 113 ff.
[278] Der Königl. Dänischen Missionarien aus Ost-Indien eingesandter Ausführlichen Berichten, 11. Cont., S. 942–945; vgl. hierzu u.a. auch: Liebau, Mitarbeiter, S. 63.

Briefen der Missionare überein. Es findet sich beispielsweise bei dem im Auftrage des dänischen Königs vornehmlich durch Westasien reisenden, dabei aber auch Indien berührenden Forscher Carsten Niebuhr der Bericht über einen europäischen Soldaten, der angeblich die besondere, religiös begründete Toleranz der Inder gegenüber Tieren ausnutzte, indem er, einen Hund an der Leine quälend, durch die Straßen von Bombay lief, um sich allein durch die Gabe von Geld für Alkohol von der lokalen Bevölkerung davon abhalten zu lassen.[279]

Insgesamt entsteht der Eindruck, dass das ganze 18. Jahrhundert hindurch alle europäisch-kolonialen Gesellschaftsschichten betroffen waren, wobei, mit dem britischen Historiker Percival Spear gesprochen, das Einkommen oder Vermögen des oder der Trinkenden lediglich die Qualität und nicht die Quantität des Alkohols bestimmte.[280] Selbst die Geistlichkeit, der angesichts ihrer seelsorgerischen und missionarischen Aufgabe eigentlich besonders an Glaubwürdigkeit gelegen sein musste, konnte zum Teil massiv tangiert sein. Gerade aufgrund dieser Glaubwürdigkeitsprobleme sind jene Fälle besonders gut dokumentiert.

Klagen über trunkene Geistliche waren allerdings keine koloniale Besonderheit, sondern auch im zeitgenössischen Europa nicht ungewöhnlich. Auch hier waren pietistisch geprägte Gemeinschaften von der Kritik an trunkenen Klerikern und Gemeindemitgliedern berührt. So hatten die Franckeschen Stiftungen ihren Ursprung im nahe der Stadt Halle an der Saale gelegenen Glaucha, einer von der Branntweinbrennerei geprägten Stadt. Diese wies um 1691, zu August Hermann Franckes Zeit, ganze 37 Kneipen und Wirtschaften und somit aus dessen Sicht damit verbundene massive moralisch-religiöse Defizite auf. In diesem Sinne nahm Francke den Kampf gegen Alkoholmissbrauch, der vor allem auch seinen Vorgänger als Pfarrer direkt vor Ort betraf, auf.[281] Oft waren in Europa schlecht bezahlte Kleriker auf dem Lande betroffen, die in der Stadt etwa auf Grund mangelhafter Ausbildung keine Anstellung bekommen hatten und mit zahlreichen

[279] Zu Niebuhrs Indienaufenthalt und seiner Geisteshaltung: Brandtner, „Merkwürdig", S. 203–267; Niebuhr, Reisebeschreibung, S. 465.
[280] Spear, Nabobs, S. 19.
[281] Obst, Francke und die Franckeschen Stiftungen in Halle, Göttingen 2002, S. 17 f. sowie Delfs, „What shall become", S. 67.

anderen Bewerbern konkurrieren mussten.[282] Gerade in der späten Phase der DEHM gingen einige Kandidaten, die nicht einmal mehr auf dem Land eine Pastorenstelle erhielten, in ihrer Not als Missionare nach Indien. Der Holsteiner Pastorensohn Lambert Christian Früchtenicht könnte um 1800 ein solcher Kandidat gewesen sein.[283]

Ähnlich wie der europäische Alkohol wurde auch der koloniale Alkoholmissbrauch aus Europa exportiert, wobei Früchtenicht als der extremste Fall gedeutet werden kann.[284] Obgleich es bei ihm schon während seiner Bewerbung große Zweifel gab, wurde der Kandidat, wohl aufgrund eines akuten Nachwuchsmangels der DEHM, als Missionar nach Indien gesandt. Wie bei vielen anderen Indienfahrern dieser Zeit entsteht auch bei Früchtenicht der Eindruck, dass es ihm allerdings in erster Linie darum ging, zu Reichtum zu gelangen oder den Indienaufenthalt als Sprungbrett für eine spätere Karriere in Europa zu nutzen. In mancherlei Hinsicht entsprach er damit dem häufig von britischen Zeitgenossen karikierten Bild des geldgierigen, nach seiner Rückkehr durch Indien korrupt gewordenen und moralisch verdorbenen britischen „Nabobs", das in vergleichbarer Form auch in den Missionsquellen auftaucht und auch auf den dänischen Residenten von Serampore, Ole Bie, angewendet wurde.[285] Dafür, dass dieser Eindruck nicht ganz falsch ist, sprechen Früchtenichts Forderung nach einem Gehaltsvorschuss noch vor der Abreise und der von anderen geäußerte Verdacht, jener wolle ohnehin nur einige Jahre und nicht wie von Missionaren erwartet lebenslang in Indien bleiben. Hinzu kommen spätere Gerüchte, wonach er noch während seiner Bewerbung in Halle Billardschulden angehäuft habe. Während der Überfahrt nach Indien an Bord der „Norge" weigerte er sich überdies, die Rechnungen für Kost und vermutlich auch für einen aus Afrika stammenden Diener zu zahlen.

---

[282] Hirschfelder, Alkoholkonsum am Beginn des Industriezeitalters, Bd. 1, S. 223, 226 f.

[283] Delfs, Dänisch-Englisch-Hallesche Indienmission, S. 63 f. mit weiterer Literatur.

[284] Zum Fall Früchtenicht Delfs, „What shall become", S. 72–80 sowie ders., Die Dänisch-Englisch-Hallesche Indienmission, S. 176–195 und passim. Die folgenden Ausführungen zur Person Früchtenicht stellen eine gekürzte Fassung der entsprechenden Abschnitte dar.

[285] Spear, Nabobs; Nechtman, Nabobs; Glamann, Vasco da Gama epoken, S. 12.

Mit einigem Widerwillen übernahm später das Missionskollegium in Kopenhagen diese Aufwendungen.[286]

Erste konkrete Klagen über Früchtenichts Trunkenheit bezogen sich auf seinen Aufenthalt in Kapstadt und die weitere Überfahrt.[287] Schwere Vorwürfe setzten aber erst 1799 ein, als der Geistliche Serampore erreicht hatte, und verweisen auf Gerüchte, die den Missionaren zugetragen worden waren: Dabei ging es beispielsweise um Verschuldung, eine alkoholbedingte Epilepsie oder einen Schlaganfall, eine Prügelei in Trunkenheit mit dem Neffen des dänischen Residenten, die Zerstörung eines Palankins und die Herausforderung zum Duell. Trotz aller Ermahnungen durch die Kollegen setzte Früchtenicht sein Gebaren später auch in Tranquebar fort: Er störte Gottesdienste, beschimpfte und bedrohte andere Missionare, suchte den dortigen Gouverneur Peter Anker auf und provozierte diesen mit der skurrilen Aufforderung, ihn zu verhaften. In seinen anschließenden Verteidigungsbriefen stritt Früchtenicht das meiste ab, gab anderen die Schuld oder setzte sein Verhalten apologetisch in Beziehung zum Gebaren der übrigen Europäer, die solches doch auch täten.[288] Seine Vorstellungen von Stand und Ehre standen dabei nicht selten im Hintergrund der Argumentation.

Zudem spielte Früchtenicht sein Laster herunter. Er gab gegenüber seinen Kollegen zu, „in guter Gesellschaft mit andern vielleicht" gelegentlich etwas Grog oder Wein mehr getrunken zu haben, „als für mich dienlich gewesen ...", doch „daß ich mich aber dem Trunke ergeben hätte oder dem Laster nur im geringsten zugethan sey, ist höchst unwahr und verlogen."[289] In diesem Sinne nahm Früchtenicht richtig an, dass es für die Missionare in Ordnung sei, in Indien in einem sozialen Rahmen mäßig zu trinken, wohingegen akute oder chronische Trunkenheit nicht mehr toleriert würde. Dass er ausdrücklich Grog (also wahrscheinlich eine Mischung aus Rum und

[286] RAK, Asiatisk Kompagni, Afdelingen i København, Skibsprotokoller for skibe til Indien, „Norge", 23. Mai 1798, 13. und 27. Februar, 16. März 1799; ebd., Missionskolleriet og Direktionen for Vajsenhuset, Ostindisk missionsbrevbog, Gude an Bach, 8. Juli 1800.
[287] RAK, Missionskolleriet og Direktionen for Vajsenhuset, Indkomne sager ang. den Ostindiske Mission, 1800–1808, John an Früchtenicht, 4. Oktober 1799; ebd., Früchtenicht an Missionare, 9. Oktober 1799.
[288] RAK Missionskolleriet og Direktionen for Vajsenhuset, 1738–1808: Indkomne sager ang. den Ostindiske Mission, 1800–1808, Cämmerer an Gude, 22. Juni 1799, aus den Briefen Ewaldt an Missionare, 26. April 1799 und 3. Juni 1799.
[289] Ebd., Früchtenicht an Missionare, 9. Oktober 1799.

Wasser, möglicherweise mit Zucker, Gewürzen oder Zitrone versehen) und
Wein als Getränke für seine Verteidigung auswählte, dürfte ebenfalls mit der
von ihm antizipierten höheren Toleranz seiner Kollegen für diese grundsätzlich standesgemäßen und nicht zu starken Alkoholika zusammenhängen.

Später gab Früchtenicht an, er leide seit seiner Ankunft in Indien unter
einer Krankheit. Als Beleg präsentierte er zwei durch Seeleute angefertigte
Zertifikate, die komplett dem Gutachten des Missionsarztes, der allein
Trunkenheit erkennen konnte, widersprachen. Schließlich wurde der
Holsteiner von seinen Kollegen suspendiert. Er akzeptierte jenes indes nicht
und berief sich dabei auf eine ihm mitgegebene Instruktion, die eine solche
Entscheidung ohne Mitsprache des Missionskollegiums in Kopenhagen nicht
zuließe. Gouverneur Anker gab ihm zunächst recht, schritt später aber trotz-
dem ein und bestätigte die Suspendierung, da er die öffentliche Ordnung
in Tranquebar gefährdet sah. In der Zwischenzeit besaß Früchtenicht fast
nur noch soziale Kontakte zu Trinkgenossen und hatte wohl auch die
Aussichtslosigkeit seiner Lage erkannt. So schrieb er einen Abschiedsbrief
an seine Familie, der einmal mehr die Schuld ausschließlich bei den anderen
suchte. Der Brief wurde rechtzeitig entdeckt und der Obrigkeit übergeben,
die den Missionar schließlich in seinem Zimmer vorfand, bekleidet mit seiner
Robe, in der einen Hand ein Messer, in der anderen eine Flasche. Letztere,
so ist anzunehmen, dürfte Alkohol enthalten haben. Anschließend wurde
er in der Festung Dansborg inhaftiert und dort medizinisch untersucht,
wobei neben seinen Suizidgedanken erneut keine Krankheit festgestellt
werden konnte.[290]

Letztlich wurde Früchtenicht nach Europa zurückgeschickt und musste
sich 1803 vor dem Missionskollegium in Kopenhagen rechtfertigen. Nun gab
jener dem Aufenthaltsland Indien die Schuld an den Vorgängen, „denn das
Clima in Ost-Indien äusserte auf meinen Körper und Geist einen so nacht-
heiligen Einfluß, daß ich eine gänzliche Verstandes-Verrückung befürch-
ten mußte, wenn ich es wagen wollte, länger dort zu verweilen.“[291] Diese
Argumentationsstrategie entsprach der üblicherweise von Europäern gezo-
genen Verbindung von tropischem beziehungsweise subtropischem Klima
und schlechter Gesundheit in Indien. Insofern versprach ein solches Vorgehen

---

[290] Ebd., 11. März 1803.
[291] Ebd.

durchaus Erfolg. Früchtenicht wurde in der Tat trotz seines offensichtlichen Fehlverhaltens eine nicht unwesentliche Geldsumme als Entschädigung zugesprochen. Anschließend tauchte er im amerikanischen Philadelphia wieder auf, wo die Franckeschen Stiftungen ebenfalls eine Gemeinde unterstützten. Die indischen Vorkommnisse rund um den Missionar wiederholten sich fast identisch in Nordamerika. Später erschien in Kopenhagen ein Zeitungsartikel, der über den Suizid eines ehemaligen Indienmissionars berichtete. Schon Früchtenichts Zeitgenossen in Halle vermuteten, dass es sich wohl um den auffälligen Indienmissionar gehandelt habe.[292]

Auch unter den Herrnhutern, der zweiten sich in den dänischen Stützpunkten aufhaltenden Missionarsgruppe, finden sich ähnliche Beispiele, obwohl die Brüdergemeine mit ihrem Chorsystem, das die Gemeinschaft in kleinere Einheiten gliederte, noch stärker auf gegenseitige soziale Kontrolle setzte. Besonders hervorstechend ist der Fall des alkoholsüchtigen Herrnhuter Tischlers Christian Renatus Beck, der sich bis zu seinem Austritt aus der Brüdergemeine in Serampore aufhielt und über dessen Trunkenheit von 1788 bis 1792 ausführliche Schilderungen seines Mitbruders Grasmann vorliegen.[293] Die Berichte deuten an, dass Beck vor Ausreise nach Indien mit einer Tischlerei in finanzielle Schwierigkeiten geraten war. Grasmanns Äußerungen lassen annehmen, dass der Missionar hierin eine Ursache auch für Becks Alkoholproblem vor Ort vermutete. Grasmann bemühte sich redlich, seinen Kollegen aufzumuntern verbunden mit dem Rat, doch nicht zu versuchen, sich die Angelegenheit, „durch trinken … aus dem Kopf schlagen zu wollen".[294] Schon zuvor hatte jener Beck aufgrund verschiedener Vorkommnisse und Unzuverlässigkeiten ermahnt und ihm zugeredet, er „sey ja kein Kind mehr u. könne wißen, wenn er genug habe."[295] Damit argumentierte Grasmann ganz ähnlich wie die Dänisch-Englisch-Halleschen Kollegen, indem er im Gegensatz zu vielen Pietisten in Europa den Konsum alkoholischer Getränke nicht grundsätzlich verurteilte, sondern sich auf Gott, Vernunft und Mäßigung berief. So erachtete er den Konsum von Alkohol in Indien in Maßen für vertretbar. Auch hielt er Beck nicht davon ab, soziale

---

[292] Delfs, Dänisch-Englisch-Hallesche Indienmission, S. 195–208.
[293] Vgl. zu diesem Fall ausführlich Delfs, Dänisch-Englisch-Hallesche Indienmission, S. 195–208. Hierauf beruhen die folgenden Ausführungen in weiten Teilen.
[294] UAH, R 15 Tb 3, Diarien von Bengalen 1776–1792, 25. Januar 1789.
[295] Ebd., 9. Januar 1789.

Anlässe vor allem im nahen Kalkutta zum moderaten Trinkgenuss zu nutzen. Er sah die Notwendigkeit solcher Kontakte, obwohl er sich des Risikos
dortiger Verführungen durchaus bewusst war. Demgemäß warnte er Beck
stattdessen lediglich ganz konkret vor bestimmten Personen und Gruppen,
die bei den genannten Anlässen zugegen sein konnten und von denen er
sich besser fernhielte.[296]

Hatte Grasmann bislang noch gehofft, er könnte durch Appelle bei Beck
eine positive Änderung bewirken, so erwies es sich nach und nach, dass sein
Ansinnen zwecklos war, mehr noch: Becks Verhalten verschlimmerte sich;
er wurde in Schlägereien verwickelt und ließ vom vermeintlich „schlechten
Umgang" mit Angehörigen der kolonialen Unterschicht nicht ab. Letztlich sah
Grasmann keine andere Möglichkeit mehr, als für einen Gemeineausschluss
zu plädieren. Da er dies jedoch nicht alleine vornehmen konnte, schlug er
vor, Beck nach Tranquebar zur für die Herrnhuter Brüdergemeine typischen
Entscheidung durch das Los in der Ältesten-Konferenz zu schicken. Die
dortigen Kollegen sprachen sich ihrerseits dafür aus, den trunksüchtigen
Missionar zurück nach Europa zu senden, „weil er doch nicht länger weder
hier noch in Trankebar bleiben könne, u. vielleicht es noch eine Rettung für
ihn wäre, wenn er nach Europa in eine Gemeine käme."[297] Dieser Vorschlag
war Ausdruck der Einschätzung, dass die sozialen Kontrollmöglichkeiten
in den europäischen Gemeinen im Vergleich mit den indischen als deutlich
besser galten.

Nachdem Beck dem Plan zunächst zugestimmt hatte, änderte er kurz-
fristig seine Meinung, denn „wenn er auch nach Europa käm, so müßte er
da doch nur in einem Kloster leben, wo er niemals mehr heraus käme."[298] Er
hatte sich offenbar bereits an seine Freiheiten in Indien außerhalb der engen
Grenzen der Brüdergemeine gewöhnt und erkannte die auf ihn zukommende
soziale Kontrolle in Europa sehr genau. Bevor Beck die Losentscheidung der
Ältesten-Konferenz in Tranquebar erreichte, trat er aus der Brüdergemeine
aus und zog nach Kalkutta. Einige Zeit später verstarb er, ohne dass eine

---

[296] Delfs, Dänisch-Englisch-Hallesche Indienmission, S. 195–208.
[297] UAH, R 15 Tb 9 Nr. 60, Briefwechsel Bengalen, Grasmann an Reichel, 5. November
1789.
[298] UAH R 15 Tb 3, Diarien von Bengalen 1776–1792, 25. Januar 1790.

Todesursache bekannt wurde. Ein Suizid scheint auch in seinem Falle nicht unwahrscheinlich.[299]

Obrigkeitliche Kontrolle. Die dänisch-norwegische Monarchie der Frühen Neuzeit gilt in der traditionellen geschichtswissenschaftlichen Wahrnehmung hinsichtlich des Alkohols als ausgesprochen liberal. Für das 16. und 17. Jahrhundert sprachen ältere dänische Historiker gar von dem „Großen nordischen Rausch", eine wahrscheinlich übertriebene Zuspitzung, die sich gerade auch auf die dänischen Könige, den Adel und die Oberschichten und deren Umgang mit Alkohol bezog.[300] Erst allmählich wurde im 18. Jahrhundert Trunkenheit mit dem Aufkommen von Tee und Kaffee teils als eine persönliche Entscheidung wahrgenommen, für oder gegen die votiert werden konnte. Eine nachhaltige Temperenzbewegung entwickelte sich hingegen erst im späteren 19. Jahrhundert.[301]

Lediglich wenige und in der Praxis wohl kaum wirksame obrigkeitliche Versuche lassen sich für das Dänemark des 17. und im 18. Jahrhunderts vor allem in Hinblick auf eine Einschränkung des Branntweinkonsums beobachten, indem beispielsweise der öffentliche Verkauf, die private Produktion und die Verwendung auf Hochzeiten oder der Konsum bei Beerdigungen vor der eigentlichen Bestattung des Leichnams untersagt wurden.[302] Diese zaghaften Versuche korrespondieren mit einer einschlägigen literarischen Rezeption. So lässt der Dramatiker Ludvig Holberg 1722 seine Hauptfigur, den armen, vom Vogt unterdrückten, von seiner Frau geschlagenen und vom Küster zum „gehörnten" Ehemann gemachten Bauern in dem Stück „Jeppe vom Berge oder Der verwandelte Bauer" sagen: „Die Leute hier im Amte sagen zwar, Jeppe trinkt, sagen aber nicht warum Jeppe trinkt."[303] Das Verhalten war in dieser Wahrnehmung das Problem, nicht der Alkohol und die hinter ihm stehenden sozialpsychologischen Gründe für Alkoholmissbrauch.[304]

---

[299] Delfs, Dänisch-Englisch-Hallesche Indienmission, S. 195–208.
[300] Butler / Shane / Elmeland / Nicholls / Thom, Alcohol, Power and Public Health, S. 162 f.
[301] Ebd., S. 163–165.
[302] Friis, Æde og drikke, S. 429; Hauge, Norwegian Alcohol Policy, S. 16–19.
[303] Holberg, Lustspiele, Erster Teil, S. 159; hierzu bereits Schiøler, Denmark, S. 53.
[304] Schiøler: Denmark, S. 53.

KAPITEL 6

Eine derartige Debatte wurde in Dänisch-Ostindien erst mit einiger Verspätung gegen Ende des 18. Jahrhunderts geführt. In erster Linie bemühte sich der Gouverneur Peter Anker seit etwa 1789 um eine entsprechende Reform, bei der er zunächst das Militär in den Blick nahm. Anlass war seine Unzufriedenheit mit dem Kommando der kleinen dänischen Garnison Tranquebars unter einem kränklichen Major Braun. Nach Einschätzung des Gouverneurs zeige der Major zu wenig Engagement, um den von ersterem als Hauptproblem identifizierten, unter den Soldaten verbreiteten Alkoholismus einzudämmen. Alkoholkonsum habe seiner Einschätzung nach dazu geführt, dass die Soldaten ihren Dienst seit Jahren nicht ordnungsgemäß hätten ausüben können. Ankers Bemühungen zielten nun darauf ab, die Truppen besser zu versorgen sowie in Kasernen außerhalb der Festung unterzubringen, um ihre Lebensbedingungen zu verbessern. Eine wirkliche Lösung des Problems sollte ihm auf diese Weise indes nicht gelingen.[305]

Mit seinen Bemühungen stand Anker nicht allein, sondern er griff bereits bestehende Ideen auf. So finden sich ganz ähnliche Maßnahmen zeitnah auch im Militär der übrigen europäischen Kolonialmächte, beispielsweise in den hannoverschen Regimentern in Südindien. So berichtet dort etwa ein Oberst Reinbold seinen Vorgesetzten in Europa verschiedentlich von durch Trunkenheit hervorgerufenem Fehlverhalten einiger Offiziere, also nicht der einfachen Soldaten, in Madras. Dem schlossen sich allgemeinere Betrachtungen über die Gefahren eines übermäßigen Alkoholkonsums für das Militär an. Wie schon Anker sah auch Reinbold dadurch die Wehrtüchtigkeit als gefährdet an.[306] Erst wenn letztere als bedroht wahrgenommen wurde, galt übermäßiger Alkoholkonsum als kritisch. Sehr ähnlich verhielt es sich, wie beobachtet, bei der Mission, in der die interne Verwendung von Alkohol erst problematisiert wurde, wenn sie das Missionsunternehmen gravierend in Gefahr brachte.

Dabei gingen auch von den Missionsleitungen in Europa systematische Bestrebungen aus, zu starken Alkoholkonsum vor Ort einzudämmen, was die den Missionaren mitgegebenen Instruktionen belegen. In diesem Zusammenhang

---

[305] Hodne, Danske embetsmenn og indiske eliter, S. 50.
[306] Niedersächsisches Landesarchiv (NLA), HA Hannover, 38 C Ostindische Regimenter Nr. 21–23 (Berichte des Obersten Reinbold). Wir danken Martin Christof-Füchsle auch für diesen Hinweis.

wurde, wie bereits anhand der konkreten Alltagswahrnehmung beobachtet, deutlich zwischen Europa und den Kolonien unterschieden. Klima und Gesundheit wurden als die entscheidenden Faktoren, die vollständiger Abstinenz zuwiderliefen, angesehen. Ähnlich wie beim dänischen Militär in Tranquebar dauerte es aber eine Zeit, ehe sich derartige Ansichten in konkreten Maßregeln durchsetzten. Eine bis 1797 geltende Instruktion für Missionare der DEHM widmet sich allenfalls angedeutet dem Alkohol und belässt es bei Ermahnungen, als gutem Beispiel für angemessenes Verhalten voranzugehen.[307] Die Formulierungen änderten sich seitdem aber deutlich bei den Anweisungen, die in Bezug auf Früchtenicht erstmalig Anwendung finden sollten, denn nun wurde Alkoholmissbrauch ausdrücklich als besonders verwerfliche Verhaltensweise hervorgehoben.[308] Den besonderen oder vermeintlichen Verhältnissen in Indien Rechnung tragend, wurde jedoch auch seit dieser Zeit nicht die komplette Enthaltsamkeit sondern eine Mäßigung des Konsums eingefordert. Zudem wandten sich die Bestimmungen auf Geheiß der europäischen Missionsleitungen seit den 1780er Jahren verstärkt gegen den Konsum von starkem Alkohol, während leichterer, wenn in Maßen genossen, stets toleriert blieb.[309] Entsprechend verteidigte sich Früchtenicht auch mit dem ausdrücklichen Hinweis auf niedrigprozentigen Grog und Wein.

Dass solche Regelungen nur an der Wende zum 19. Jahrhundert erlassen wurden, lag vermutlich daran, dass öffentliche Berichte über Alkoholismus erst jetzt derart überhand nahmen, was eine schriftliche Normierung notwendig machte. Ebenso liegt die Annahme nahe, dass sich die Wahrnehmung hinsichtlich des Alkoholkonsums sensibilisiert hatte. Die Quellen sprechen gerade für erstere These, denn nach einem Bericht über die Eskapaden Früchtenichts heißt es 1800 in einer „Allgemeinen Nachricht" der Missionare der DEHM:

---

[307] HB, 2. Cont., S. 379–381, 380. Eine englische Übersetzung findet sich in: Gross / Kumaradoss / Liebau, Halle and the Beginning, Bd. 3, S. 1337–1341; s. auch ebenda den Kommentar von Nørgaard, Mission Instruction, S. 1277–1281; Delfs, Dänisch-Englisch-Hallesche Indienmission, S. 173.

[308] RAK, Missionskollegiet og Direktionen for Vajsenhuset, Indkomne sager ang. den Ostindiske Mission, 1793–1799, Instruction für einen angehenden Missionarium zu Trankenbar, 1798; Delfs, Dänisch-Englisch-Hallesche Indienmission, S. 173 f.

[309] Zu den Herrnhutern: UAH, R 15 Tb 3, Diarien von Bengalen 1776–1792, 1. August 1784; Delfs, „What shall become", S. 79 sowie Delfs, Dänisch-Englisch-Hallesche Indienmission, S. 173 f.

„Gerne ließen wir einen Vorhang über diese traurige Scene fallen und würden diese kränkenden Vorfälle, wie bisher viele andere, mit Stillschweigen übergehen, um niemand zum Schaden dem Publicum blos zu stellen". Dass die Missionare dem entgegen allerdings doch darüber berichteten, begründeten sie mit der Öffentlichkeit der Vorfälle, die den Versuch einer Geheimhaltung sinnlos gemacht hätte. Einschlägige Gerüchte „verbreiteten sich zu sehr durch die vielen Fremden über die Europäischen Besitzungen in Indien und selbst durch Seefahrende nach Europa". Es ist anzunehmen, dass von Seiten der Missionare auch eingegriffen wurde, um sich verselbständigenden Gerüchten, die der Mission noch mehr schaden konnten, vorzubeugen.[310]

Ohne Zweifel bot der besonders gravierende Fall Früchtenicht der Missionsleitung den Anlass, in Hinblick auf den Alkoholismus nun stärker disziplinierend durchzugreifen. Doch hatte es zuvor auch schon einige andere Fälle von allerdings zumeist geringerer Dramatik gegeben.[311] So wurde schon der Missionar und Alkoholiker Martin Bosse 1749 wieder nach Europa zurückgeschickt; auch Benjamin Schultze wurde mit Alkohol in Verbindung gebracht.[312] Seinen späteren Kollegen Päzold und Holzberg, die sich gleichzeitig mit Früchtenicht in Indien befanden, wurde ebenfalls Trunkenheit vorgeworfen wie auch dem Missionsschulmeister Christian Daniel Klein und zuvor Johann Heinrich Hutter.[313] Das gleiche gilt für den Missionsdrucker Johann Gottlieb Adler.[314] Ähnlich gelagerte Fälle aus dem nordamerikanischen Missionsfeld könnten ebenfalls Einfluss auf Diskussionen und Entscheidungsprozesse in Dänisch-Ostindien genommen haben.[315]

---

[310] RAK, Missionskollegiet og Direktionen for Vajsenhuset, Indkomne sager ang. den Ostindiske Mission, 1800–1808, Allgemeine Nachricht von dem Zustande der königl. Dän. Mission in Trankenbar im verfloßenen Jahre 1800; Delfs, Dänisch-Englisch-Hallesche Indienmission, S. 174 f.

[311] Delfs, Dänisch-Englisch-Hallesche Indienmission, S. 172; Delfs, „What shall become".

[312] AFSt/M, 1 B 26: 28, Kohlhoff an Francke, 24. September 1739; Gröschl, Missionaries, S. 1503 f.

[313] AFSt/M, 1 C 41: 94, John an Knapp, 27. März 1800; ebd., 1 C 39a: 8, Rottler an Schulze, 20. Januar 1798; ebd., 1 B 40: 10, Missionare an Francke, 30. Dezember 1750.

[314] S. die Datenbank zu den Einzelhandschriften in den historischen Archivabteilungen der Franckeschen Stiftungen unter https://digital.francke-halle.de/nidn/p0000167 und dort die biographischen Angaben.

[315] Delfs, Dänisch-Englisch-Hallesche Indienmission, S. 174 f.

Gesundheit und Mäßigung. Während der Aspekt des sozial abweichenden Verhaltens beim Erlassen obrigkeitlicher Verhaltensregeln den Hauptausschlag gab, lässt sich mit einer Gesundheitsdebatte schon lange vor dem Ausgang des 18. Jahrhunderts ein zweiter, allerdings kaum durchsetzungskräftiger Diskurs beobachten. Dieser hatte seine Wurzeln in Europa, auch in Dänemark. Der Kopenhagener Medizinprofessor Johann Clemens Tode etwa pries in aufklärerischer Tradition in der von ihm herausgegebenen Medizingazette „Sundhedstidende" Ende der 1770er Jahre Gleichgewicht und Mäßigung im Umgang mit Alkohol und anderen Genussmitteln wie Kaffee oder Tee. Gerade Wein sei ein gutes Kräftigungsmittel nach Krankheit und harter Arbeit, stärke Magen wie Nerven und helfe bei Skorbut, sei andererseits bei übermäßigem Konsum aber schädlich.[316] Im Falle der Kolonien wurde Alkoholkonsum von anderen Autoren demgegenüber zumeist mit dem als besonders schädlich wahrgenommenen Klima, und, wie in Europa, dem häufig verschmutzten Trinkwasser begründet. So schrieb der Hallesche Missionsarzt Knoll 1737, gerade während der Regenzeit sei in Indien ein Glas Wein oder ein wenig Branntwein nicht nur nützlich, sondern sogar nötig. Dabei sollten den Europäern jedoch die europäischen Alkoholika zuträglicher sein als die vermeintlich gefährlichen, indischen, während umgekehrt, wie bisweilen angenommen wurde, für die lokale Bevölkerung die einheimischen Sorten bekömmlicher seien.[317] Wie oben gezeigt, setzte auch der trunksüchtige Missionar Früchtenicht das Klima in Indien zu seiner Verteidigung ein.

Missionar Ziegenbalg empfahl den Europäern bereits zu Beginn des 18. Jahrhunderts verdünnten Alkohol. So propagierte er eine überdies kostengünstige Mischung aus einem Teelöffel Braunschweiger Mumme, Wasser und Zucker. Auf diese Weise ließen sich mit einer Flasche Bier ganze 20 Flaschen neu befüllen. Der Vorschlag gründete sich offenbar auf das Vorbild Europa, denn auch hier wurden Bier und Wein verdünnt.[318] Dass in diesem Falle aufgrund der geringen Dosierung überhaupt eine wirksame Konzentration von Alkohol in dem Getränk vorhanden war, erscheint als eher unwahrscheinlich.

---

[316] Venborg Pedersen, Luksus, S. 273 f.
[317] AFSt/M, 1 B 11: 42, Bericht von Samuel Benjamin Knoll über die Ernährung und körperliche Bewegung der Missionare; allgemein: Wald, Governing the Bottle, S. 408.
[318] Vgl. zu Europa: Münch, Lebensformen in der Frühen Neuzeit, S. 281 f. Münch erwähnt allein verdünntes Bier und verdünnten Wein; zu Dänemark, wo angeblich nicht verdünnt wurde, Friis, Æde og drikke, S. 429.

Aus Sicht des Missionars war aber auch der ungleich stärkere, unverdünnte Branntwein aus gesundheitlichen Gründen noch tolerabel, aber nur sofern er moderat konsumiert würde. Damit stimmten Ziegenbalg und spätere Missionare stärker mit den säkular-aufklärerischen als mit dem zunehmend für eine vollständige Abstinenz eintretenden Pietismus in Europa überein.[319]

Auch einheimische alkoholische Getränke spielten in der einschlägigen Debatte eine Rolle. Bei vor allem auf den Nikobaren getrunkenen „Sure" oder *suri*, einem lokalen Kokoswein, der auf Ceylon und im Süden Indiens wohl mit dem Toddy identisch war, meinten verschiedene dänische Indienreisende der zweiten Hälfte des 18. Jahrhunderts wie Tycho Volquardt, der Chirurg Silchmöller oder der Kapitän Niels C. C. Møller, deutlich negative gesundheitliche Wirkungen oder sogar eine Giftigkeit für den menschlichen Körper erkennen zu können.[320] Alkohol an sich bewerteten dieselben Beobachter hingegen nicht generell als negativ, sondern nahmen stattdessen wie auch Ziegenbalg positive Wirkungen gerade im heißen Klima an. Es wurde für Mäßigung plädiert.[321]

---

[319] HB, 3. Cont., 122 f.; Delfs, „What shall become", S. 70.
[320] Rhind, History of the Vegetable Kingdom, S. 246.
[321] Rastén, Mødet med Nicobarernes klima, S. 48 f.

Schlussbetrachtung

Alkohol prägte in der zweiten Hälfte des 18. Jahrhunderts sowohl den dänischen Asienhandel als auch die koloniale Konsumgesellschaft in Dänisch-Ostindien stark und nachhaltig. Nach einer langen Phase, in welcher der interkontinentale Handel mit alkoholischen Getränken unter dem Danebrog allenfalls eine periphere Rolle eingenommen hatte, experimentierte die Asiatisk Kompagni seit den 1750er Jahren verstärkt mit dem Import größerer Mengen, zunächst wenig profitabel an der Malabarküste, anschließend umso erfolgreicher an der Koromandelküste. In den 1760er Jahren stiegen die Einfuhren signifikant an, um im darauffolgenden Jahrzehnt bis zur Mitte der 1780er Jahre einen Höhepunkt zu erreichen. An erster Stelle stand der Import von Wein, gefolgt von Genever, zeitweise Madeira und in geringerem Umfang von Bier, Rum und kleineren Partien an Spezialitäten wie Likören oder Champagner. Die Zeit seit Mitte der 1780er Jahre war wiederum von einem leicht zurückgehenden, gleichfalls aber immer noch nennenswerten Umschlag, ebenso aber in einzelnen Jahren von auffallenden Absatzschwierigkeiten charakterisiert. Zudem verzeichneten die 1790er Jahre eine allmähliche Verlagerung des Geschäfts von der an der Koromandelküste gelegenen dänischen Kolonie Tranquebar in das bengalische Serampore. Mit dem Eintritt der dänisch-norwegischen Monarchie in die Napoleonischen Kriege kamen der dänische Interkontinentalhandel und damit auch das Alkoholgeschäft mit Indien vollständig zum Erliegen.

Parallel zum interkontinentalen Warenaustausch entwickelte sich von Tranquebar aus ein intra-asiatischer Handel mit Getränken. So wurde ein Großteil der aus der dänischen Hauptstadt Kopenhagen eingeführten

Alkoholika in die Handelsplätze der europäischen Konkurrenten, insbesondere ins britische Madras, reexportiert. Im Gegenzug gelangten je nach Angebot und Nachfrage dieselben Waren zu anderen Zeiten wiederum nach Tranquebar. Die dänische Kolonie Serampore wurde ebenfalls von Tranquebar aus mit europäischen alkoholischen Getränken beliefert, auch wenn die größte Menge auf Interkontinentalschiffen direkt von Kopenhagen aus dorthin gelangte. Parallel zum Umschlag von Waren europäischer Provenienz entwickelte sich ein Austausch mit indigenem Arrak.

Die umfangreiche Quellenüberlieferung erlaubt es, den dänischen Handel mit Alkohol nach und in Indien in seinen Grundzügen nachzuzeichnen, während eine genaue Quantifizierung über einen längeren Zeitraum nicht möglich ist. Es bleibt festzuhalten, dass sich der große Erfolg des Geschäfts auf das Zusammenspiel mehrerer Bestimmungsfaktoren gründete, die sowohl in Europa als auch in Indien ihre Wurzeln hatten:

1. Voraussetzung des großen wirtschaftlichen Erfolgs des dänischen Asienhandels allgemein, darunter auch des Handels mit Alkohol, war die außenpolitische Neutralität der dänischen Monarchie in der zweiten Hälfte des 18. Jahrhunderts. Erst die Möglichkeit, in der Zeit der Kriege der führenden maritimen Großmächte Handelskapazität an sich zu ziehen, ermöglichte dem an sich nur wenig bedeutenden dänischen Indienhandel eine zuvor nicht gekannte Expansion. So stellt es keinen Zufall dar, dass die Entwicklung des Alkohols von einem Nischenprodukt zur Massenware in die Zeit des Siebenjährigen Krieges und des Amerikanischen Unabhängigkeitskrieges fällt. Das dänische Alkoholgeschäft stellt förmlich ein Kind der europäisch-globalen Kriege jener Zeit dar. Mit deren Hilfe gelang es der Asienkompanie, zeitweise komplett auf die Ausfuhr von Silber nach Südasien zu verzichten. Weshalb allerdings der anschließende Ausbruch der Koalitionskriege nicht zu einem weiteren Anwachsen führte, lässt sich nicht eindeutig klären. Allenfalls ist zu vermuten, dass der Bedeutungsrückgang Tranquebars für den dänischen Asienhandel allgemein in den 1790er Jahren auch bei jenem Geschäft seine Spuren hinterlassen hat; erreichten immer weniger Interkontinentalschiffe aus Kopenhagen die dänische Kolonie, so gelangte zwangsläufig weniger Alkohol dorthin. Durch künftige Forschungen bleibt in dieser Hinsicht zu prüfen, ob sich die Briten

in Indien in jener Zeit verstärkt selbst mit Nachschub versorgten und welche Rolle die Koalitionskriege für den Handel allgemein spielten.

2. Einen weiteren Bestimmungsfaktor stellte die Freigabe des dänischen Asienhandels für private Indienfahrten 1772 dar. Während der intraasiatische Handel unter dem Danebrog praktisch seit jeher einen erheblichen Anteil an privatem Engagement aufwies, konnten nun auch kapitalkräftige Kopenhagener Handelshäuser außerhalb der Asiatisk Kompagni eigene interkontinentale Expeditionen nach Indien aussenden. Da eine Quellenüberlieferung jener Handelshäuser nicht existiert, ist es unmöglich, den privaten dänischen Umschlag im Überblick zu quantifizieren. Allein die zufällige Überlieferung einiger weniger Fahrten aus der Zeit um 1780 legt aber die Annahme nahe, dass auf privaten Schiffen mindestens noch einmal die gleiche, wenn nicht gar eine größere Menge an europäischen alkoholischen Getränken als auf Kompaniefahrzeugen nach Indien gelangte.

3. Zur gleichen Zeit, als der dänische Überseehandel durch die dänische Neutralitätspolitik zur großen Blüte gelangte, entwickelte sich in Indien überhaupt erst eine komplexere europäische Kolonialgesellschaft mit einer entsprechend großen Nachfrage nach europäischen Konsumgütern. Allein infolge der britischen Eroberung Bengalens und nachfolgend weiterer Regionen auf dem indischen Subkontinent wuchsen die britischen Handelsstützpunkte zu bevölkerungsstarken Metropolen heran, die zunehmend durch europäische Familienstrukturen und Alltagsmuster geprägt waren. Aber auch Tranquebar und in bescheidenem Umfang Serampore wandelten sich von kleinen Niederlassungen zu kolonialen Städten mit einer entsprechend wachsenden eigenständigen Nachfrage. Da die indische Bevölkerung nur in äußerst geringem Umfang europäischen Alkohol konsumierte, war der große Erfolg des Geschäfts erst durch dieses Anwachsen einer europäischen Kolonialgesellschaft mit ihrem teils aus Europa mitgebrachten Konsumverhalten möglich.

4. Der große Erfolg darf wiederum nicht darüber hinwegtäuschen, dass der dänische Handel mit Alkohol von großen Marktrisiken geprägt war, die vielleicht auch das Ihre dazu beitrugen, dass jener bereits in den 1790er Jahren relativ an Bedeutung einbüßte. Die dänischen Kaufleute mussten sowohl in Europa als auch in Indien mit teils nur schwer kalkulierbaren Preisschwankungen rechnen. Hinzu kamen

die langen Kommunikationswege von bis zu zwei Jahren von Kopenhagen nach Indien und zurück, die es nur mit einer erheblichen Verzögerung ermöglichten, auf volatile Marktbedingungen zu reagieren. Preisschwankungen prägten vor allem das Geschäft mit Wein. Jene konnten sowohl aus Missernten und damit verbundenen Produktionsrückgängen vor allem in Frankreich als auch aus schwankenden, teils unberechenbaren Marktbedingungen in Indien resultieren. So reichte bereits die Ankunft eines einzigen Schiffes mit einer fünfstelligen Zahl an mitgebrachten Weinflaschen, um in den kleinen Kolonien Tranquebar oder Serampore den Markt zu sättigen und weiteren Absatz nur unter Preisabschlägen zu erlauben.

5. Das dänische Alkoholgeschäft mit Indien war arbeitsteilig und nutzte die spezifische Expertise der einzelnen Akteure optimal. Das begann bereits bei der Einfuhr alkoholischer Getränke nach Kopenhagen, denn nur die allerwenigsten nach Indien exportierten Alkoholika wurden in der dänisch-norwegischen Monarchie selbst hergestellt. Diese Importe überließ die Asienkompanie erfahrenen dänischen oder auswärtigen Handelshäusern, die mit den Marktbedingungen in den Produktionsregionen bestens vertraut waren und die benötigten großen, oft lange vor Abfahrt bestellten Partien zuverlässig beschaffen konnten. Arbeitsteilung ergab sich aber auch im Schiffsverkehr mit Indien. Während zwar Wein von allen Akteuren transportiert wurde, lässt sich bei anderen Alkoholika eine Differenzierung beobachten. War das Warenspektrum der Kompanie eher schmal, zeichneten sich die privaten Expeditionen auch durch den Transport von Spezialitäten wie Likören, in Weinbrand eingelegten Früchten, Cider oder Champagner aus. Auch die Freiquoten von Angehörigen der Schiffsbesatzungen griffen das Prinzip der Arbeitsteilung auf, indem sie sich neben dem allgegenwärtigen Wein auf solche Produkte konzentrierten, die auf demselben Schiff nicht bereits auf Rechnung der Asienkompanie transportiert wurden. Auf diese Weise ließ sich das Preisrisiko beim Absatz in Indien zumindest teilweise reduzieren. Als Alleinstellungsmerkmal lässt sich zudem festhalten, dass lediglich die Asiatisk Kompagni Madeira, entweder von der Insel selbst oder über Kopenhagen, nach Indien verschiffte. Arbeitsteilung zeigte sich ebenso im intra-asiatischen Handel. Denn dieser ließ sich kaum mit den großen Interkontinentalschiffen

bestreiten, sondern blieb den vor Ort lebenden Kaufleuten und kleineren, indischen Schiffstypen überlassen. Arbeitsteilung lässt sich in
diesem Sinne als Strukturprinzip begreifen, das im Alltag allerdings
stets durch personale Überschneidungen und Durchlässigkeit gekenn-
zeichnet war: Nicht selten handelte es sich bei dem Kopenhagener
Unternehmer, der Alkohol aus dem europäischen Ausland importierte,
gleichzeitig um einen Direktor der Asiatisk Kompagni. Und auch der
im intra-asiatischen Handel engagierte Privatkaufmann war nicht selten
zeitgleich Bediensteter der Handelsgesellschaft.

6. Europäischer Alkohol war in den dänischen Kolonien in Indien nicht
allein als Handelsware begehrt, sondern stellte gleichfalls Konsumgut
dar. Er wurde von den Europäern vor Ort oftmals täglich konsumiert,
bisweilen im Übermaß, und war in geringem Umfang auch der lokalen
Bevölkerung zumindest bekannt. Mit seinem Verbrauch ging eine spezifische materielle Kultur einher, die sich anhand von Nachlassinventaren
in Gestalt von Wein- und in geringerem Umfang auch Biergläsern
festmachen lässt. Die stetig steigenden Importe führten darüber hinaus beim Wein zu einem wachsenden Qualitätsverständnis, das regelmäßig bei den Verkostungen frisch aus Europa eingetroffener Partien
auf die Probe gestellt wurde. Geschmack wurde ebenso wie Farbe
beurteilt, wie überhaupt der billigere, als minderwertiger geltende
Firnwein gegen Ende des Untersuchungszeitraums kaum mehr eine
Rolle spielte. Dem steht der zaghafte Import kostbarer, teils schon auf
dem Weingut auf Flaschen gezogener Sorten wie dem Château Lafite
gegenüber. In vielen Fällen wurden alkoholische Getränke im gesellschaftlichen Kontext getrunken. Wie in Europa dienten jene dabei
gleichzeitig als Mittel sozialer Abgrenzung. Bestimmte Getränke wurden bestimmten Personengruppen zugeschrieben und dienten deren
Auf- bzw. Abwertung. Es liegt nahe, dass sich ärmere Angehörige der
Kolonialgesellschaft lediglich die billigeren und damit vor allem lokal
produzierten traditionellen Alkoholsorten leisten konnten. Während
die Trunkenheit der europäischen Kolonialelite eher noch toleriert
wurde, wurde diejenige der Armen mit Unmoral und Kriminalität
in Verbindung gebracht, wobei eher das damit verbundene auffällige
Verhalten als die Trunkenheit selbst Anstoß erregte. Doch lassen sich
auch unter der Kolonialelite wie der Missionsgeistlichkeit nicht wenige,

teils gravierende Beispiele von Alkoholmissbrauch feststellen. Dabei handelte es sich allerdings um keine spezifisch indische oder koloniale Besonderheit, denn ebenso wie der Konsum wurde auch der Missbrauch gleichsam aus Europa importiert. So war der Arbeitsmarkt für etwa Geistliche im Europa des 18. Jahrhunderts zunehmend von einer bislang ungewohnten Konkurrenz geprägt, was so manchen Theologen sein Glück in Indien suchen ließ. Nicht immer entsprach dabei die Realität dem Erwartungshorizont, was wiederum oft mit übermäßigem Alkoholgenuss ertränkt wurde. In Europa plädierten Pietisten meist für eine vollständige Abstinenz; bezüglich Indiens lässt sich hingegen eine gewisse Toleranz erkennen, die auf spezifische Klima- und Gesundheitsdiskurse zurückgeht. So schien ein vollständiger Verzicht nicht nur dem dänischen Gouverneur, sondern auch der Mission kaum der Situation angemessen. Erst wenn Ruf und Ordnung durch das abweichende Verhalten des Einzelnen gefährdet erschien, kam es zu Eingriffen seitens der weltlichen und geistlichen Obrigkeit.

Sowohl in wirtschafts- als auch in sozialgeschichtlicher Perspektive lässt sich abschließend festhalten, dass Alkohol in der zweiten Hälfte des 18. Jahrhunderts einen konstitutiven Faktor des dänischen Engagements in Indien darstellte. Zweifellos muss mit der hier vorgelegten Alkoholgeschichte Dänisch-Ostindiens die europäische Kolonialgeschichte nicht neu geschrieben werden. Gleichwohl bietet sie Einblicke in relevante, bislang aber komplett übersehene Aspekte des europäischen Indienhandels wie auch der europäischkolonialen Alltagswelten. Weitere, vergleichende Studien zu den anderen, teils wesentlich handelsstärkeren Kolonialmächten dürften das Bild erweitern und am Ende einen großen Gesamtzusammenhang erkennbar werden lassen.

Quellen und Literatur

Ungedruckte Quellen
Reichsarchiv Kopenhagen

Danske Kancelli

Rentekammerafdelingen, Willum Leyels Arkiv, Fortegnelse paa Gods i Kommandantens Bolig, 1645–1647.

Asiatisk Kompagni

Afdelingen i København, Direktionens resolutionsprotokol, 1732–1839.

Afdelingen i København, Hovedbog, 1732–1840.

Afdelingen i København, Kassebog, 1732–1840.

Afdelingen i København, Europæiske breves kopibog, 1773–1845.

Afdelingen i København, Skibsprotokoller for skibe til Indien, 1733–1820.

Afdelingen i København, Skibsprotokoller for skibe til Kina, 1733–1830.

Afdelingen i København, Skibsjournaler for ostindiefarere, 1734–1820.

Afdelingen i København, Skibsjournaler for skibe til Kina, 1733–1830.

Afdelingen i København, Instrukskopibog for kaptajner og flere mht. ind- og udladning, 1785–1797.

Afdelingen i Tranquebar, Regnskabsjournal, 1733–1778.

Faktoriet i Tranquebar, Regnskabsjournal, 1778–1801.

Faktoriet i Tranquebar, Kopibog over indkomne breve, 1779–1803.

Afdelingen i Frederiksnagore, Regnskabsjournal, 1762–1827.

Det Kongelige Ostindiske Guvernement

Afdelingen i Tranquebar, Søtoldbog, 1778–1823.

Afdelingen i Tranquebar, Mandtal over Indbyggerne i Tranquebar og Landsbyerne, 1790.

Bilag til Guvernementets Kasseregnskab, 1845–1849.

Generaltoldkammer og Kommercekollegiet

Indisk kontor, Ostindisk journal, 1777–1846.

Missionskollegiet og Direktionen for Vajsenhuset

Indkomne sager ang. den Ostindiske Mission, 1800–1808.

Larsen, Kay, Dansk Ostindiske Personalier og Data (Zettelkatalog).

Archiv der Franckeschen Stiftungen, Halle

Missionsarchiv (Indien-Abteilung)

M, 1 B 11: 42.

M, 1 B 26: 28.

M, 1 C 41: 94.

M, 1 C 39a: 8.

M, 1 B 40: 10.

Archiv der Brüder-Unität, Herrnhut

R 15 Tb 3, Diarien von Bengalen, 1776–1792.

R 15 Tb 9 Nr. 60, Briefwechsel Bengalen, 1771–1795.

Niedersächsisches Landesarchiv, HA Hannover

38 C, Ostindische Regimenter, Nr. 21–23.

India Office Records, London

G/26/12, Diary of William Puckle, 1675–1676.

106

Tamil Nadu State Archives, Chennai

Danish Records, 1172–1174

Gedruckte Quellen und Hilfsmittel

Arnesen, Finn (Hg.), Brevet fra Trankebar 7.–10. Juni 1790 fra Peter Anker til Peder Anker, Oslo 2009.

Baden, Jacob, Vollständiges Deutsch-Dänisches Wörterbuch, Bd. 1, Kopenhagen 1798.

Bille, Steen Andersen, Bericht über die Reise der Corvette Galathea um die Welt in den Jahren 1845, 46 und 47, Bd. 1, Kopenhagen-Leipzig 1852.

Der Königl. Dänischen Missionarien aus Ost-Indien eingesandter Ausführlichen Berichten, Halle 1710–1772, [https://digital.francke-halle.de/fsdhm, Abruf: 16. Dezember 2024].

Feldbæk, Ole (Hg.), Danske Handelskompagnier 1616–1843. Oktrojer og interne ledelsesregler, Kopenhagen 1986.

Haafner, Jakob, Reise in einem Palankin. Erlebnisse und Begebenheiten auf einer Reise längs der Koromandelküste Südindiens in den Jahren 1785 und 1786, o. O. 2003.

Hennings, August, Geschichte des Privathandels und der itzigen Verfassung der Besitzungen der Dänen in Ostindien, Kopenhagen 1784.

Holberg, Ludwig, Holberg's Lustspiele, Bd. 1, Leipzig 1822.

Krünitz, Johann Georg, Oeconomische Encyclopädie oder Allgemeines System der Staats-, Haus- und Landwirthschaft, in alphabetischer Ordnung, 242 Bde., Berlin 1773–1858, [https://www.kruenitz1.uni-trier.de/, Abruf: 16. Dezember 2024].

Neuere Geschichte der evangelischen Missionsanstalten zur Bekehrung der Heiden in Ost-Indien. Aus den eigenhändigen Aufsätzen und Briefen der Missionarien herausgegeben, 8 Bde., Halle 1776–1839.

Neues Hannoversches Magazin, 52. Stück, Hannover 1810.

Niebuhr, Carsten, Reisebeschreibung nach Arabien und andern umliegenden Ländern, Zürich 1993.

N.N., Von dem Handel der Stadt Tranquebar. Von einem nach dreyjährigen Aufenthalte daselbst zurückgekommenen Kaufmanne, in: Politisches

Journal nebst Anzeige von gelehrten und andern Sachen 1,3/1788, S. 225–228.

Rhind, William, A History of the Vegetable Kingdom, Glasgow–London 1841.

Schmitt, Eberhard (Hg.), Indienfahrer. Seeleute und Leben an Bord im Ersten Kolonialzeitalter (15.–18. Jahrhundert), Wiesbaden 2008.

Schultze, Benjamin, Die auf der Küste Coromandel in Ost-Indien befindliche grosse und berühmte Stadt der Englischen Nation Madras..., Halle 1750.

Stephen, Jeyaseela S. (Hg.), Diary of Rangappa Thiruvengadam Pillai, 1761–1768, Pondicherry 2001.

Thalbitzer, Sophie Dorothea, Grandmamas Bekiendelser, hg. v. Julius Clausen und Peter Frederik Rist, Kopenhagen 1906.

Yule, Henry / Burnell, Arthur Coke, Hobson-Jobson. A Glossary of Colloquial Anglo-Indian Words and Phrases, and of Kindred Terms, Etymological, Historical, Geographical and Discursive, Reprint New Delhi 2000.

Literatur

Aalund, Flemming / Rastén, Simon, Indo-Danish Heritage Buildings of Serampore. Survey Report by the Serampore Initiative of the National Museum of Denmark, Kopenhagen 2010.

Barrows, Susanna / Room, Robin (Hgg.), Drinking. Behavior and Belief in Modern History, Berkeley 1991.

Bauck, Sönke, Nüchterne Staatsbürger für junge Nationen. Die Temperenzbewegung am Rio de la Plata (1876–1933), Stuttgart 2018.

Begley, Vimala, The Ancient Commerce of Pudoke, in: Revue Historique de Pondichéry, 19/1996, S. 3–28.

Birmingham, David, A Concise History of Portugal, Cambridge 2003.

Brandtner, Martin, „Merkwürdig". Carsten Niebuhr begegnet dem indischen Altertum, in: Josef Wiesehöfer / Stephan Conermann (Hgg.), Carsten Niebuhr (1733–1815) und seine Zeit, Stuttgart 2002, S. 203–267.

Bredsdorff, Asta, The Trials and Travels of Willem Leyel. An Account of the Danish East India Company in Tranquebar, 1639–1648, Kopenhagen 2009.

Brennan, Thomas E. / Tlusty, B. Ann / Kümin, Beat (Hgg.), Public Drinking in the Early Modern World. Voices from the Tavern, 1500–1800, 4 Bde. London u.a. 2011.

Butler, Shane / Elmeland, Karen / Nicholls, James / Thom, Betsy, Alcohol, Power and Public Health. A Comparative Study of Alcohol Policy, London–New York 2017.

Chatterjee, Prasun, The Lives of Alcohol in Pre-colonial India, in: The Medieval History Journal 8,1/2005, S. 189–225.

Chaudhuri, Kirti Narayan, The Trading World of Asia and the English East India Company, 1660–1760, Cambridge 1978.

Colvard, Robert Eric, A World Without Drink. Temperance in Modern India, 1880–1940, Diss. Phil., Iowa 2013, [https://iro.uiowa.edu/esploro/outputs/doctoral/A-world-without-drink-temperance-in/9983777373902771, Abruf: 22. Januar 2024].

Delfs, Tobias, „What shall become of the mission when we have such incompetent missionaries there?" Drunkenness and Mission in Eighteenth Century Danish East India, in: Harald Fischer-Tiné / Jana Tschurenev (Hgg.), A History of Alcohol and Drugs in Modern South Asia. Intoxicating Affairs, London 2014, S. 65–88.

Ders., Die Dänisch-Englisch-Hallesche Indienmission des späten 18. Jahrhunderts. Alltag, Lebenswelt und Devianz, Stuttgart 2020.

Ders, Die Südasienbestände im Unitätsarchiv der Herrnhuter Brüdergemeine, in: Anandita Bajpai / Heike Liebau (Hgg.), Archival Reflexicon 2022, S. 1–6, [https://doi.org/10.25360/01-2022-00010, Abruf: 1. Dezember 2024].

Denzel, Markus A., Der Preiskurant des Handelshauses Pelloutier & Cie aus Nantes (1763–1793), Stuttgart 1997.

Dharampal-Frick, Gita, Indien im Spiegel deutscher Quellen der Frühen Neuzeit (1500–1750). Studien zu einer interkulturellen Konstellation, Tübingen 1994.

Disney, Anthony R., A History of Portugal and the Portuguese Empire. From Beginnings to 1807, Bd. 1, Cambridge 2009.

Ernst, Waltraud (Hg.), Alcohol Flows Across Cultures. Drinking Cultures in Transnational and Comparative Perspective, New York 2020.

Fahey, David / Manian, Padma, Poverty and Purification. The Politics of Gandhi's Campaign for Prohibition, in: The Historian 67,3/2005, S. 489–506.

Farooqui, Amar, Opium Enterprise and Colonial Intervention in Malwa and Western India, in: Indian Economic and Social History Review 32,4/1995, S. 447–473.

Feldbæk, Ole, India Trade under the Danish Flag. European Enterprise and Anglo-Indian Remittance and Trade, Odense 1969.

Ders., Dutch Batavia Trade via Copenhagen. A Study of Colonial Trade and Neutrality, in: Scandinavian Economic History Review, 21/1973, S. 43–75.

Ders., The Development of an Indo-European Town in Mughal India. Tranquebar in the Seventeenth and Eighteenth Centuries, in: Kenneth Ballhatchet / David Taylor (Hgg.), Changing South Asia. City and Culture, London 1984, S. 11–20.

Ders., No Ship for Tranquebar for twenty-nine Years. Or: The Art of Survival of a Mid-Seventeenth Century European Settlement in India, in: Roderich Ptak / Dietmar Rothermund (Hgg.), Emporia, Commodities and Entrepreneurs in Asian Maritime Trade, C. 1400–1750, Heidelberg 1991, S. 29–36.

Forsyth, Mark, A Short History of Drunkenness. How, why, where and when Humankind has got Merry from the Stone Age to the Present, London 2017.

Frank, Michael, Trunkene Männer und nüchterne Frauen. Zur Gefährdung von Geschlechterrollen durch Alkohol in der Frühen Neuzeit, in: Martin Dinges (Hg.), Hausväter, Priester, Kastraten. Zur Konstruktion von Männlichkeit in Spätmittelalter und Früher Neuzeit, Göttingen 1998, S. 187–212.

Friis, Lilli, Æde og drikke, in: Axel Steensberg (Hg.), Dagligliv i Danmark i det syttende og attende århundrede, Bd. 1, Kopenhagen 1969, S. 403–439.

Furber, Holden, Rival Empires of Trade in the Orient 1600–1800, Minneapolis 1976.

Furrer, Daniel, Zechen und Bechern. Eine Kulturgeschichte des Trinkens und Betrinkens, Darmstadt 2006.

Ghosh, Suresh Chandra, The Social Condition of the British Community in Bengal 1757–1800, Leiden 1970.

Glamann, Kristof, Dutch-Asia Trade, 1620–1740, Kopenhagen–Den Haag 1956.

Ders., Vasco da Gama epoken, in: Ole Feldbæk / Ole Justesen, Kolonierne i Asien og Afrika, Kopenhagen 1980, S. 9–31.

Gøbel, Erik, Danish Companies' Shipping to Asia, 1616–1807, in: Jaap R. Bruijn / Femme S. Gaastra (Hgg.), Ships, Sailors and Spices. East India Companies and their Shipping in the 16th, 17th and 18th Centuries, Amsterdam 1993, S. 99–120.

Ders., The Sound Toll Registers Online Project, 1497–1857, in: International Journal of Maritime History, 22,2/2010, S. 305–324.

Ders., Mellem København og Tranquebar. På rejse med Asiatisk Kompagnis Skib Kronprindsen af Danmark, 1748–1750, Kopenhagen 2011.

Gros, François (Hg.), Historique et Statistique de Karikal. Texte rédigé en 1825 par le Capitain de Vaisseau Cordier, Bd. 1, Pondicherry 1971.

Große, Judith / Spöring, Francesco / Tschurenev, Jana (Hgg.), Biopolitik und Sittlichkeitsreform. Kampagnen gegen Alkohol, Drogen und Prostitution 1880–1950, Frankfurt 2014.

Hames, Gina, Alcohol in World History, London–New York 2012.

Hancock, David, „An Undiscovered Ocean of Commerce Laid Open". India, Wine and the Emerging Atlantic Economy, 1703–1813, in: Huw V. Bowen / Margarette Lincoln / Nigel Rigby (Hgg.), The Worlds of the East India Company, Woodbridge–Suffolk 2002, S. 153–168.

Hansen, Georg, Præsten, in: Axel Steensberg (Hg.), Dagligliv i Danmark i det syttende og attende århundrede, Kopenhagen 1971, S. 87–113.

Hardiman, David, From Custom to Crime. The Politics of Drinking in Colonial South Gujarat, in: Ranajit Guha (Hg.), Subaltern Studies; Bd.–1, Delhi, 1985, S. 165–228.

Hauge, Ragnar, Alkohol i norsk historie, in: Norsk Epidemiologi 6,1/1996, S. 13–21.

Ders., Norwegian Alcohol Policy through the Centuries, in: Nordisk Alkohol & Narkotikatidskrift 23/2006, S. 125–135.

Henningsen, Henning, Sømandens drikkelse, in: Handels- og Søfartsmuseet Årbog 1977, S. 7–67.

Hirschfelder, Gunther, Alkoholkonsum am Beginn des Industriezeitalters (1700–1850). Vergleichende Studien zum gesellschaftlichen und kulturellen Wandel, 2 Bde., Köln–Weimar–Wien 2004.

Hjelm, Torben, Dansborg, in: Architectura. Arkitekturhistorisk Årsskrift 9/1987, S. 89–120.

Hodne, Kjell, Danske embetsmenn og indiske eliter i kolonien Trankebar. Interaksjoner, 1777–1808, Kopenhagen 2008.

Højbjerg, Inger, Tranquebars Bybefolkning 1620–1845, unveröffentl. M.A.-Arbeit, Kopenhagen 1990.

Holt, Mack P. (Hg.), Alcohol. A Social and Cultural History, Oxford–New York 2006.

Jeyaraj, Daniel, Bartholomäus Ziegenbalg, the Father of Modern Protestant Mission. An Indian Assessment, New Delhi–Chennai 2006.

Johnson, Hugh, The Story of Wine, London 1989.

Ders., Der Große Johnson. Die Enzyklopädie der Weine, Weinbaugebiete und Weinerzeuger der Welt, Bern–Stuttgart 1997.

Jürgens, Hanco, Am Scheideweg. Ansichten von Pietisten, Orthodoxen und Aufklärern zur Mission im 18. Jahrhundert, in: Michael Mann (Hg.), Aufgeklärter Geist und evangelische Missionen in Indien, Heidelberg 2008, S. 39–63.

Jungmann, Florian / Krieger, Martin (Hgg.), Dänemark als globaler Akteur, 17.–20. Jahrhundert. Koloniale Besitzungen und historische Verantwortung, Kiel 2024.

Kaiser, Reinhold, Trunkenheit und Gewalt im Mittelalter, Köln–Weimar–Wien 2002.

Kamenov, Nikolay, Global Temperance and the Balkans. American Missionaries, Swiss Scientists and Bulgarian Socialists, 1870–1940, Cham 2020.

Klosterberg, Brigitte, Das „Missionsarchiv" im Archiv der Franckeschen Stiftungen zu Halle, in: Anandita Bajpai / Heike Liebau (Hgg.), Archival Reflexicon, 2020, S. 1–9, [https://doi.org/10.25360/01-2022-00032, Abruf: 1. Dezember 2024].

Krieger, Martin, Kaufleute, Seeräuber und Diplomaten. Der dänische Handel auf dem Indischen Ozean (1620–1868), Köln–Weimar–Wien 1998.

Ders., Vom Brüdergarten zu den Nikobaren. Die Herrnhuter Brüder in Südasien, in: Stephan Conermann (Hg.), Der Indische Ozean in historischer Perspektive, Hamburg 1998, S. 209–244.

Ders., Wohnkultur in Tranquebar um 1800. Auf Spurensuche in den Tamil Nadu State Archives, in: Stephan Conermann / Jan Kusber (Hgg.), Studia Eurasiatica. Kieler Festschrift für Hermann Kulke zum 65. Geburtstag, Schenefeld 2003, S. 175–187.

Ders., Material Culture, Knowledge, and European Society in Colonial India around 1800. Danish Tranquebar, in: Michael North (Hg.), Artistic and Cultural Exchanges between Europe and Asia, Farnham 2010, S. 53–73.

Ders., Der dänische Sklavenhandel auf dem Indischen Ozean im 17. und 18. Jahrhundert, in: Jahrbuch für Europäische Überseegeschichte 12/2012, S. 9–30.

Ders., European Cemeteries in South India (Seventeenth to Nineteenth Centuries), New Delhi 2013.

Ders., Nathaniel Wallich. Ein Botaniker zwischen Kopenhagen und Kalkutta, Kiel–Hamburg 2017.

Ders., Furniture and Decoration. The Narrative of Household Inventories, in: Esther Fihl (Hg.), The Governor's Residence in Tranquebar. The House and the Daily Life of its People, Kopenhagen 2017, S. 152–183.

Ders., Die Geschichte des Alkohols in Indien. Ein Forschungsbericht, in: Südasien-Chronik 10/2020, S. 393–411.

Kümin, Beat / Tlusty, B. Ann (Hgg.), The World of the Tavern. Public Houses in Early Modern Europe, Aldershot 2002.

Liebau, Heike, Die Halleschen Berichte, in: dies. (Hg.): Geliebtes Europa – Ostindische Welt. 300 Jahre interkultureller Dialog im Spiegel der Dänisch-Halleschen Mission. Jahresausstellung der Franckeschen Stiftungen zu Halle vom 7. Mai–3. Oktober 2006, Halle 2006, S. 97–102.

Dies., Die indischen Mitarbeiter der Tranquebarmission (1706–1845). Katecheten, Schulmeister, Übersetzer, Tübingen 2008.

Mariss, Anne, „A world of new things". Praktiken der Naturgeschichte bei Johann Reinhold Forster, Frankfurt–New York 2015.

Martin, A. Lynn, Alcohol, Sex and Gender in Late Medieval and Early Modern Europe, Basingstoke–New York 2001.

McHugh, James, Alcohol in Pre-modern South Asia, in: Harald Fischer-Tiné / Jana Tschurenev (Hgg.), A History of Alcohol and Drugs in Modern South Asia. Intoxicating Affairs, London–New York 2014, S. 29–45.

Ders., An Unholy Brew. Alcohol in Indian History and Religions, New York 2021.

Ders., Grape Wine in Ancient and Early Medieval India. The View from the Centre, in: The Indian Economic and Social History Review, 58,1/2021, S. 113–144.

Menon, Nikhil, Battling the Bottle. Experiments in Regulating Drink in Late Colonial Madras, in: The Indian Economic and Social History Review, 52,1/2015, S. 29–51.

Mills, James / Barton, Patricia, Introduction, in: dies. (Hgg.), Drugs and Empires. Essays in Modern Imperialism and Intoxication, c. 1500–c. 1930, Houndmills 2007, S. 1–16.

Münch, Paul, Lebensformen in der Frühen Neuzeit, Berlin 1998.

Nechtman, Tillman W., Nabobs. Empire and Identity in Eighteenth-Century Britain, Cambridge 2010.

N.N., Art. India, in: Jack S. Blocker / David M. Fahey / Ian R. Tyrrell (Hgg.), Alcohol and Temperance in Modern History. An International Encyclopedia, Bd. 1, Santa Barbara 2003, S. 308 f.

Nørgaard, Anders, Mission und Obrigkeit. Die Dänisch-hallische Mission in Tranquebar 1706–1845, Gütersloh 1988.

Nozawa, Joji, Wine-drinking Culture in Seventeenth Century Japan. The Role of Dutch Merchants, in: Eric C. Rath / Stephanie Assmann (Hgg.), Japanese Foodways, Past and Present, Chicago 2010, S. 108–125.

Ders., Wine as a Luxury at the Dutch Factory in Japan during the Second Half of the 18th Century, in: Rengenier C. Rittersma (Hg.), Luxury in the Low Countries. Miscellaneous Reflections on Netherlandish Material Culture, 1500 to the Present, Brüssel 2010, S. 85–106.

Ders., The Reshipment of European Wines to the Dutch East Indies in the Seventeenth Century, in: The Bulletin of the Institute for World Affairs. Kyoto Sangyo University, 28/Februar 2013, S. 285–296.

O'Meara, Mallory, Girly Drinks. A World History of Women and Alcohol, London 2022.

Obst, Helmut, August Hermann Francke und die Franckeschen Stiftungen in Halle, Göttingen 2002.

Osterhammel, Jürgen, Die Entzauberung Asiens. Europa und die asiatischen Reiche im 18. Jahrhundert, München 1998.

Pedersen, Karl Peder, Tranquebars Historie, in: Architectura 9/1987, S. 11–49.

Peers, Douglas, Imperial Vice. Sex, Drink and the Health of British Troops in North Indian Cantonments, 1800–1858, in: David Killingray / David E. Omissi (Hgg.), Guardians of Empire, Manchester 1999, S. 25–52.

Phillips, Rod, Alcohol. A History, Chapel Hill 2014.

Potts, Eli Daniel, British Baptist Missionaries in India 1793–1837. The History of Serampore and its Missions, Cambridge 1967.

Rasch, Aage, Dansk Ostindien, 1777–1845. Storhedstid og hensygnen, Kopenhagen 1967.

Rastén, Simon, Mødet med Nicobarernes klima. Danske strategier for kolonisering 1755–1848, unveröffentlichte MA-Arbeit, Kopenhagen 2012.

Raychaudhuri, Tapan, Jan Company in Coromandel. A Study in the Interrelations of European Commerce and Traditional Economies, Den Haag 1962.

Robb, Peter, Sentiment and Self. Richard Blechynden's Calcutta Diaries, 1791–1822, New Delhi 2011.

Rosta, Judith Therese, Alkoholismus in Skandinavien und Deutschland zwischen gesellschaftlicher Diskriminierung und Akzeptanz. Eine mentalitätsgeschichtliche und soziologische Studie, Frankfurt/Main 1998.

Rothermund, Dietmar, Europa und Asien im Zeitalter des Merkantilismus, Darmstadt 1978.

Schiøler, Peter, Denmark, in: Dwight B. Heath (Hg.), International Handbook on Alcohol and Culture, Westport–London 1995, S. 51–63.

Schmid, Susanne / Schmidt-Haberkamp, Barbara (Hgg.), Drink in the Eighteenth and Nineteenth Centuries, London–New York 2014.

Schmidt, Kurt Dietrich, Die Alkoholfrage in Orthodoxie, Pietismus und Rationalismus, Berlin 1927.

Sournia, Jean Charles, A History of Alcoholism, Oxford 1990.

Spear, Percival, The Nabobs. A Study of the Social Life of the English in 18th Century India, London 1963.

Somasundaram, Ottilingam / Raghavan, D. Vijaya / Murthi, A.G. Tejus, Drinking Habits in Ancient India, in: Indian Journal of Psychiatry 58,1/2016, S. 93–96.

Spode, Hasso, Alkoholika (Bier, Spirituosen, Wein), in: Thomas Hengartner / Christoph Maria Merki (Hgg.), Genussmittel. Ein kulturgeschichtliches Handbuch, Frankfurt/Main–New York 1999, S. 25–81.

Ders., Trinkkulturen in Europa. Strukturen, Transfers, Verflechtungen, in: Johannes Wienand / Christiane Wienand (Hgg.), Die kulturelle Integration Europas, Wiesbaden 2010, S. 361–392.

Sramek, Joseph, Gender, Morality, and Race in Company India, 1765–1858, New York 2011.

Stephen, Jeyaseela S., Urbanism and the Chequered Existence of the Indo-French Town of Pondicherry (A.D. 1674–1793), in: Revue Historique de Pondichéry, 19/1996, S. 29–64.

Stern, Philip J., Alcohol and the Ambivalence of the Early East India Company-State, The Historical Journal, 65,1/2021, S. 1–17.

Tlusty, B. Ann, Bacchus und die bürgerliche Ordnung. Die Kultur des Trinkens im frühneuzeitlichen Augsburg, Augsburg 2005.

Dies. (Hg.), Alcohol in the Early Modern World. A Cultural History, London–New York–Oxford–Sidney 2021.

Toner, Deborah (Hg.), Alcohol in the Age of Industry, Empire and War, London 2021.

Tschurenev, Jana / Fischer-Tiné, Harald, Introduction: Indian Anomalies? Drink and Drugs in the Land of Gandhi, in: dies. (Hgg.), A History of Alcohol and Drugs in Modern South Asia. Intoxicating Affairs, London 2014, S. 1–25.

Venborg Pedersen, Mikkel, Luksus. Forbrug og kolonier i Danmark i det 18. Århundrede, Kopenhagen 2013.

Vestberg, Jens, Johann Ludvig Zinn, in: Dansk Biografisk Leksikon, Bd.–19, Kopenhagen 1905, S. 322–f.

Wald, Erica, Governing the Bottle. Alcohol, Race and Class in Nineteenth-Century India, in: The Journal of Imperial and Commonwealth History 46,3/2018, S. 397–417.

Ward, Kerry, „Tavern of the Seas"? The Cape of Good Hope as an Oceanic Crossroads during the Seventeenth and Eighteenth Centuries, in: Jerry H. Bentley / Renate Bridenthal / Karen Wigen (Hgg.), Seascapes. Maritime Histories, Littoral Cultures, and Transoceanic Exchanges, Honolulu 2007, S. 137–153.

Werner, J., Henrik, Bolten, in: Dansk Biografisk Leksikon, Bd. 3, Kopenhagen 1934, S. 426 f.

Worden, Nigel / van Heyningen, Elizabeth / Bickford-Smith, Vivian, Cape Town. The Making of a City. An Illustrated Social History, Hilversum 1998.

Zandberg, Adrian, „In Vorbereitung der neuen Welt". Polnische Prohibitionisten, die frühe Internationale Temperenzbewegung und Prozesse des Transfers, in: Steffi Marung / Katja Naumann (Hgg.), Vergessene Vielfalt. Territorialität und Internationalisierung in Ostmitteleuropa seit der Mitte des 19. Jahrhunderts, Göttingen 2014, S. 221–239.

www.ingramcontent.com/pod-product-compliance
Lightning Source LLC
Chambersburg PA
CBHW070922150426
42812CB00049B/1365